IL GRANDE LIBRO DEL BORDER COLLIE

David **Anderson**

www.lpmedia.org

Dati di Catalogazione

David Anderson

Il grande libro del Border Collie ----Prima edizione.

Sommario: "Crescere con successo un Border Collie da cucciolo fino alla vecchiaia" – Fornito dall'editore.

ISBN: 978-1-961846-80-7

[1. Border Collies --- Saggistica] I. Titolo.

Questo libro è stato scritto con l'intento di fornire informazioni accurate e autorevoli riguardo all'argomento trattato. Sebbene ogni ragionevole precauzione sia stata adottata nella preparazione di questo libro, l'autore e l'editore declinano espressamente ogni responsabilità per eventuali errori, omissioni o effetti avversi derivanti dall'uso o dall'applicazione delle informazioni contenute all'interno. Le tecniche e i suggerimenti devono essere utilizzati a discrezione del lettore e non intendono sostituire l'assistenza veterinaria professionale. Se sospettate un problema medico nel vostro cane, consultate il vostro veterinario.

Design di Sorin Rădulescu

Prima edizione italiana, 2025

INDICE

CAPITOLO 1
Cos'è un Border Collie?

Se hai mai visto un cane in uno spot pubblicitario, c'è una buona probabilità che fosse un Border Collie. Oppure, se hai guardato competizioni di pastorizia, probabilmente hai visto un Border Collie controllare il gregge. Prima di tutto, i Border Collie sono cani da pastore; ma quando non sono "al lavoro", possono essere compagni eccellenti. Sono energici, giocherelloni ed estremamente intelligenti. Sono anche sensibili, affettuosi e adorabili. Anche se questa razza è ancora fondamentale per gli allevatori di bestiame, in questo libro ci concentreremo sul Border Collie come animale da compagnia.

Storia

Il Border Collie proviene dal confine tra Inghilterra e Scozia. Sebbene non sia esattamente certo quando la forma primitiva di questa razza fu utilizzata per la prima volta, questi cani erano probabilmente chiamati semplicemente "cani da pastore" poiché questa era la loro funzione. In generale, i cani da pastore risalgono ai tempi biblici; sebbene questi cani fossero di varie razze, venivano scelti per la loro capacità di aiutare un pastore a sorvegliare il gregge, piuttosto che per la loro appartenenza a una razza specifica. Questi cani venivano selezionati per l'intelligenza e l'agilità e non assomigliavano al Border Collie di oggi. Si ritiene che la formazione del Border Collie sia avvenuta attraverso anni di incroci tra cani con caratteristiche utili per creare il pastore perfetto. Ma, poiché la produzione di lana era così importante per i britannici, possiamo rintracciare i primi Border Collie – come li conosciamo – in questa regione, circa cinquecento anni fa.

Dal 1700 in poi, troviamo più documentazione sui cani da pastore che corrispondono alla descrizione dell'attuale Border Collie. Un tema comune in questi documenti è lo "sguardo" del Border Collie, o l'intensa occhiata che questi cani possiedono: questo sguardo è un marchio di fabbrica del Border Collie, che usa questa fissità e concentrazione per dirigere le pecore.

A un certo punto, questa ampia classificazione di "cani da pastore" fu suddivisa in razze più specifiche in base al loro utilizzo nei pascoli. I cani che erano migliori con il bestiame bovino ricevettero una designazione

Foto di
Joe Rook

di gruppo, così come i cani che se la cavavano bene con grandi gruppi di pecore ne ricevettero un'altra. Molte di queste razze non esistono più, ma il Border Collie è sopravvissuto ed è emerso con maggiore distinzione intorno alla fine del 1800.

Nel 1859, il Border Collie fece la transizione da cane esclusivamente da lavoro a cane da esposizione. Con la creazione delle prove di pastorizia, questa razza fu presentata alle persone comuni. La gente si affezionò naturalmente a questo cane per la sua velocità, agilità, mente acuta e bell'aspetto. Questa popolarità avrebbe portato a un ulteriore perfezionamento della razza, poiché i proprietari cercavano di allevare l'esemplare perfetto. Sebbene fossero sul punto di diventare animali da compagnia, caratteristiche come lo "sguardo" del Border Collie e una forte etica del lavoro erano ancora tenute in grande considerazione.

Ma con la nuova popolarità della razza, sorsero preoccupazioni riguardo alle caratteristiche che venivano selezionate nei cani. Naturalmente, i pastori volevano che nei cani fossero selezionate le migliori caratteristiche per la pastorizia; d'altra parte, i conduttori avevano un'idea diversa su ciò che rendeva un buon cane da esposizione. Mentre alle pecore non importa quanto sia bello un cane, l'aspetto è cruciale nel ring: alcuni temevano che le caratteristiche da pastore sarebbero state abbandonate per quelle estetiche, indebolendo l'istinto superiore della razza.

Con l'espansione dell'impero britannico all'estero, si diffusero anche i loro cani da lavoro. La razza che una volta era localizzata in un'area specifica fu trasportata in tutto il mondo. Il Border Collie apparve negli Stati Uniti alla fine del 1800, diventando prezioso per i pastori. In Nuova Zelanda, dove le pecore superano in numero le persone, c'è sempre lavoro per un Border Collie. Recentemente, i pastori hanno sperimentato l'uso di droni per radunare le pecore come alternativa ai cani, ma hanno scoperto che non sono altrettanto efficaci: questi cani non si troveranno presto senza lavoro.

Fortunatamente, i Border Collie su entrambi i lati del divario pastorizia/esposizione riescono a coesistere. Non tutti i Border Collie sono uguali: alcuni vivono per lavorare con le pecore, mentre altri preferiscono la compagnia umana. Per una razza singolare, non esiste necessariamente uno standard esatto a cui aspirare, ma piuttosto una guida per l'allevamento con uno scopo specifico. Anche oggi, scoprirai che alcuni cani se la cavano meglio nei pascoli e altri sono più adatti alla casa. I pastori continuano ad allevare buoni lavoratori in base alle caratteristiche che apprezzano in un pastore. Allo stesso modo, i conduttori coinvolti con i vari club cinofili allevano cani per creare campioni. Alla fine, questa razza riconoscibile ha la flessibilità di vivere sia in fattoria che in casa, grazie alla natura e all'educazione.

Aspetto

I Border Collie presentano alcune variazioni nel loro aspetto, ma tutti hanno alcune caratteristiche comuni che li rendono cani adorabili. Poiché i Border Collie sono ancora comunemente utilizzati per accudire il bestiame, c'è meno interesse per l'allevamento basato sull'aspetto, a meno che i cuccioli non vengano utilizzati nelle esposizioni. Mentre è compito di alcuni Border Collie fare trucchi e apparire belli, non tutti rientrano in questa categoria.

I Border Collie sono cani di taglia media, abbastanza grandi da incutere timore nelle pecore, ma abbastanza piccoli da essere agili. In media, questo cane è alto circa 45-55 centimetri e pesa tra i 16 e i 23 chili. I loro quarti anteriori sono abbastanza forti da sostenere il peso corporeo mentre si accovacciano, così non si stancheranno mentre lavorano, e i loro quarti posteriori sono muscolosi ed elastici per spingerli in avanti. Hanno anche un torace lungo e profondo, con ampio spazio per i polmoni per prendere molta aria mentre corrono. Quando ricevono l'esercizio di cui hanno bisogno, è improbabile che i Border Collie diventino grassocci; dovrebbero essere larghi attraverso le spalle e il petto e stretti in vita. Questa razza è snella e costruita per la velocità, ma abbastanza agile da entrare in angoli stretti e fermarsi all'istante. Questa agilità è evidente quando lavorano con le pecore in un pascolo o quando cerchi di catturare il tuo Border Collie fuggito dopo essere stato senza guinzaglio.

Il mantello è dove esiste una certa distinzione tra i Border Collie da lavoro e quelli da esposizione. Il tipo di mantello può essere classificato come ruvido o liscio. Naturalmente, è possibile che vi possa essere qualsiasi lunghezza o consistenza tra i due tipi, a seconda dei tipi che possiedono i genitori. Il tipo liscio è corto e ispido, non troppo diverso dal mantello di altri cani a pelo corto come il Labrador. Questo tipo di mantello è probabilmente il migliore per i cani da lavoro, poiché un'acconciatura a bassa manutenzione si adatta bene alla fattoria. I Border Collie da lavoro devono essere in grado di correre senza che piante ed escrementi di animali rimangano impigliati nel loro pelo. Se un Border Collie deve correre tra i rovi, la varietà a pelo liscio ne uscirà senza strappi e lacera-zioni. Se questo cane si sporca, richiede solo un rapido risciacquo prima di tornare al lavoro.

Il Border Collie a pelo ruvido è quello che più probabilmente si vede in un'esposizione canina o negli spot pubblicitari. Questo cane ha un pelo lungo e fluente che può essere liscio o ondulato. Molti Border Col-lie a pelo ruvido hanno frange sul retro delle zampe e intorno al muso. Questo tipo di mantello non richiede una toelettatura professiona-le, ma ha bisogno di una buona spazzolata, altrimenti possono svilup-parsi nodi e grovigli.

Entrambi i tipi di mantello hanno un sottopelo e un mantello ester-no. Il sottopelo è ciò che protegge il Border Collie dalle condizioni mete-orologiche avverse: lo mantiene caldo a temperature gelide e lo rende anche impermeabili alla pioggia e alla neve. Cresce folto e pieno in inver-no e si assottiglia quando il tempo si scalda. È in questo momento che la spazzolatura è più importante, altrimenti il sottopelo che il cane sta per-dendo non avrà la possibilità di essere rilasciato e si trasformerà in nodi.

Mentre molti Border Collie sono bianchi e neri, ci sono più varia-zioni possibili nella razza. I Border Collie bianchi, o quelli con macchie bianche più prominenti, possono essere preferiti come cani da pastore perché sono più facili da individuare in un campo. Inoltre, le loro mar-cature di colore diverso li aiutano a distinguersi sullo sfondo di pecore bianche. Mentre i cani bicolore in bianco e nero – o bianco e marrone – sono molto comuni, questa razza può anche essere di un solo colo-re, tricolore o con un pattern merle. Blu, tigrato, grigio e fulvo sono altre possibilità di colore.

Caratteristiche comportamentali

Così come non esiste un unico tipo di mantello o colore accettabile per il Border Collie, non esiste un elenco universale di tratti di persona-lità del Border Collie. I tratti della personalità sono il risultato dell'alleva-mento e della socializzazione. Ci vuole una comprensione completa della razza per poter padroneggiare entrambi. Come per l'aspetto, i tratti della personalità adatti a uno scopo potrebbero non essere i migliori per un altro. Gli allevatori di bestiame avranno criteri diversi rispetto a un ad-destratore di Obedience; ma, in generale, i Border Collie possono essere estremamente intelligenti, energici, amichevoli e sensibili.

L'intelligenza è forse il tratto più prominente del Border Collie. Nel pascolo, questo cane può comprendere comandi specifici e rispondere di conseguenza. Eccellono anche nelle competizioni di Obedience e nei percorsi di Agility perché possono apprendere nuove abilità rapidamente e rispondere a comandi impegnativi. Questi cani sono così intelligenti che possono imparare un vocabolario abbastanza esteso e identificare oggetti per nome. L'esempio più famoso è probabilmente Chaser, che arrivò a conoscere più di mille parole durante la sua vita. Sono anche in grado di comprendere la grammatica umana, essendo in grado di ascoltare una frase con sostantivi, verbi e preposizioni e rispondere al comando. Ad esempio, un Border Collie molto ben addestrato può sentire il comando "Lascia la palla sotto il tavolo" e fare esattamente questo.

Questi cani sono anche una fonte inesauribile di energia. Originariamente allevati per lavorare tutto il giorno, questi cani raramente sono pigri: se non stanno radunando pecore, ti supplicheranno di lanciare la palla per ore. Possono inseguire uccelli e conigli nel cortile senza stancarsi. Le passeggiate quotidiane non sono negoziabili con questa razza; hanno bisogno di una lunga passeggiata o una breve corsa solo per soddisfare i bisogni di base. Insieme a questa attività, devono essere in grado di giocare: mentre potresti pensare di aver stancato il tuo cane con una vigorosa sessione di frisbee, sarà pronto a ripartire dopo un breve riposo.

Insieme all'energia fisica, hanno molta energia mentale. Che tu organizzi un gioco di puzzle per loro o li porti in un nuovo posto con nuove cose da annusare, hanno bisogno di essere continuamente stimolati mentalmente per evitare che impazziscano dalla noia.

Anche la sensibilità è importante per la razza. In parole povere, la sensibilità di un cane lo aiuta a percepire cose che altri cani (e umani) potrebbero ignorare. Questo fa sembrare un cane più intuitivo quando svolge un lavoro. In fattoria, un Border Collie eccelle nella pastorizia se è in grado di ascoltare i comandi del padrone, comprendere i motivi del gregge e reagire di conseguenza per farlo comportare nel modo desiderato. Nel ring di Obedience, può essere più facile addestrare un Border Collie perché è desideroso di compiacere il suo proprietario. A volte, questa sensibilità fa sembrare che un cane distingua il giusto dallo sbagliato senza che certe abilità gli siano mai state insegnate. Possono individuare le emozioni nella voce e nel linguaggio del corpo del loro proprietario. Altre volte, questa sensibilità può farli diventare nervosi, se percepiscono qualcosa di benigno come una minaccia.

I Border Collie sono cani dolci e affettuosi, soprattutto se sono stati allevati per essere compagni. È probabile che un Border Collie si avvicini a uno sconosciuto e lo lecchi in faccia. Sono desiderosi di compiacere e vanno d'accordo con i bambini. Sono capaci di essere ottimi animali da compagnia e cani di supporto emotivo perché possono percepire le emozioni del loro proprietario ed essere disponibili per le coccole quando necessario. Se nella casa giusta, un Border Collie può trasformarsi in un piccolo "cane velcro" che sta al fianco del suo proprietario e lo guarda a ogni svolta. Piangeranno quando te ne vai e ti accoglieranno con la coda scodinzolante quando torni a casa.

Non tutti i tratti comuni sono positivi. Mentre il tuo Border Collie può essere un gran lavoratore, può anche essere prepotente in casa tua. La determinazione e la testardaggine che usano per guidare le pecore possono anche essere usate per spingere le persone. Questo cane potrebbe cogliere l'opportunità di radunare i bambini in un cortile, mordendo loro le caviglie. Questo cane può anche guaire incessantemente finché non lo lasci uscire per inseguire gli uccelli, o abbaiarti finché non ti sposti così che possa sedersi sul divano anche lui. Tuttavia, con abbastanza lavoro, i comportamenti indesiderati possono essere corretti.

Un Border Collie è adatto a te?

Alcuni allevatori e proprietari di Border Collie non credono che questa razza debba essere tenuta come animale domestico. Questa idea di solito proviene da proprietari che usano i loro cani solo per la pastorizia: questi proprietari pensano che questi cani siano così energici e rispondano così positivamente al lavoro che, semplicemente, non potrebbero essere soddisfatti vivendo in una casa come animali domestici.

Chiaramente, questo è un punto controverso per gli appassionati di Border Collie. Dire che un Border Collie non può assolutamente essere un animale domestico non è sempre accurato. Nella casa giusta, un Border Collie può prosperare. Dopotutto, non tutti i Border Collie sono adatti a lavorare come cani da pastore; alcuni sono troppo timidi per avere a che fare con animali grandi e rumorosi.

I proprietari e gli allevatori hanno ragione nei casi in cui un potenziale proprietario non è preparato né in grado di prendersi cura di un Border Collie in un modo che gli darà una vita felice. I Border Collie hanno bisogno di lavorare, ma "lavoro" può essere liberamente definito come

Foto di
Lynne Frater

qualsiasi cosa che dia uno scopo a un cane. Mentre un cane sarà soddisfatto radunando pecore tutto il giorno, potrebbe anche trovare uno scopo nel giocare a riportare o recuperare giocattoli per nome.

Quando si tratta di portare un Border Collie in casa, tuttavia, un nuovo proprietario deve essere molto onesto sulla propria capacità di prendersi cura di questa razza. Sfortunatamente, le persone comprano questa razza perché sono cani carini e intelligenti, ma non hanno i mezzi per prendersene cura. A volte un cane è stato allevato specificamente per la pastorizia, ma il proprietario ha solo un piccolo cortile e non abbastanza tempo libero: quando le cose inevitabilmente vanno male, il proprietario potrebbe essere costretto a dare il proprio cane a un rifugio. Poi, il cane deve rivivere il processo di essere scelto per andare in una "casa per sempre".

Non è facile decidere che potresti non essere pronto per il cane dei tuoi sogni, ma è meglio per entrambi a lungo termine. Un buon proprietario di cani può essere onesto con se stesso e decidere se il proprio cane sta vivendo la vita che merita. Può essere difficile trovare una nuova casa se le cose non funzionano, ma è meglio che permettere a un cane di sviluppare cattivi comportamenti perché ha bisogno di più da una "casa per sempre".

Prima, pensa ai tuoi impegni in termini di tempo. Se lavori fuori casa e trascorri molto tempo lontano da casa tua, devi trovare un modo per far uscire il tuo cane per l'esercizio necessario. Questo cane avrà bisogno di almeno una lunga passeggiata al giorno, più molto tempo per giocare. Dovresti essere in grado di dedicare almeno due ore al giorno per concentrarti esclusivamente sul tuo cane. Altre attività di relax consisteranno nel lanciare occasionalmente una palla o accarezzare il tuo Border Collie mentre si accoccola vicino a te mentre guardi la TV. Questo cane non ama essere ignorato.

Poi, considera la tua capacità di fare esercizio con il tuo cane. Mentre i cani sono una grande scusa per mettersi in forma, sarete entrambi infelici se non potrai partecipare a esercizi da moderati a intensi regolarmente. Se non sei in grado o non sei disposto a fare una lunga passeggiata nei giorni più freddi dell'inverno, potresti essere più felice con una razza diversa.

Quindi, considera la tua motivazione a lavorare sull'addestramento. Se non ti dispiace fare corse di tre chilometri con il tuo cucciolo ma non hai interesse nell'addestramento all'obbedienza, la relazione non funzionerà. Un Border Collie vuole imparare nuovi comandi e praticarli regolarmente; quindi, se risparmi sull'addestramento, il tuo cane non sarà soddisfatto. Un proprietario di Border Collie non può essere egoista con il suo tempo.

Infine, pensa al tuo spazio abitativo. Un appartamento non è la casa migliore per un Border Collie: ha bisogno di ampio spazio per allungare le gambe. Allo stesso modo, se vivi in una casa senza un cortile recintato, potresti avere un cane irrequieto tra le mani. La possibilità di lanciare una palla nel tuo cortile ti eviterà di trascorrere tutto il giorno nell'area cani solo per far bruciare abbastanza energia al tuo cane da farlo dormire. La recinzione è vitale, perché se il tuo avventuroso Border Collie scappa, non sarà facile riprenderlo: basta un'auto o un coniglio che attraversi il suo cammino, e lui correrà a zampe levate. Sebbene possa essere possibile soddisfare le esigenze di esercizio del tuo cane fuori casa, è molto più facile giocare e correre quando non devi uscire al guinzaglio.

Al contrario, questa razza non amerà essere lasciata fuori tutto il giorno e la notte a meno che non possa ancora essere al centro dell'attenzione. Mentre amano trascorrere il tempo libero nel cortile, vagando ed esplorando, sono buoni compagni perché amano socializzare con le persone. Vogliono sentirsi inclusi nella loro famiglia umana. Uno spazio esterno è necessario per un Border Collie, ma considera di permettere al tuo cane di trascorrere anche del tempo di qualità all'interno con la tua famiglia.

L'altra cosa che potrebbe essere dannosa nel possedere un Border Collie felice è la mancanza di conoscenza quando si tratta di prendersi cura di un cane. Fortunatamente, ci sono tonnellate di risorse disponibili! I corsi di addestramento sono un ottimo modo per imparare di più sull'addestramento del tuo cane, e in più hai un esperto a disposizione nel caso in cui tu abbia domande specifiche. Anche il veterinario è una buona figura a cui rivolgersi, se sei preoccupato per la salute del tuo cane. Naturalmente, con un po' di fortuna, quando avrai finito di leggere questo libro ti sentirai sicuro della tua capacità di prenderti cura del tuo nuovo Border Collie. Un buon proprietario di cani si sforza di educarsi sulle esigenze del proprio cane e cerca aiuto quando c'è un problema. Quando si tratta di crescere un cane, i Border Collie non sono la razza più facile da gestire; ma se la tua casa e il tuo stile di vita possono soddisfare le esigenze di questo cane, vale assolutamente la pena portare uno di questi deliziosi e stravaganti cuccioli nella tua casa.

CAPITOLO 2
Scegliere un Border Collie

"Le migliori caratteristiche di un Border Collie sono sicuramente la sua versatilità e adattabilità. Un Border Collie può lavorare con le pecore tutto il giorno nei campi e poi giocare delicatamente a palla con il bambino della famiglia la sera."

Josie Casebere

https://borderlinekennels.wixsite.com/mysite

Una volta deciso che hai il tempo e le risorse necessarie per prenderti cura di un Border Collie, è il momento di pensare a dove vuoi prendere il tuo cane. Non esiste una risposta corretta quando si tratta della provenienza del tuo cane, solo ciò che è meglio per te e la tua famiglia.

Comprare o adottare?

Dovrai scegliere se preferisci comprare il tuo nuovo cucciolo da un allevatore o adottarne uno da un rifugio. Ci sono pro e contro che accompagnano entrambe le opzioni; quindi, è una buona idea fermarsi a riflettere e decidere cosa è più importante per te e la tua famiglia nel vostro nuovo animale domestico.

Se compri un cucciolo da un allevatore affidabile, hai un'idea abbastanza chiara di quello che otterrai. I buoni allevatori selezionano cani con caratteristiche ricercate da trasmettere ai loro cuccioli. Un allevatore può informarti sui tratti specifici della personalità e sull'aspetto fisico dei genitori: in questo modo, non dovrai affrontare l'incertezza di capire come sarà il tuo cane adulto una volta superata la fase di cucciolo.

Ad esempio, potresti trovare un allevatore che alleva cani da pastore. Sarà in grado di dirti che i suoi cuccioli sono agili, concentrati, sensibili e resistenti. L'allevatore può anche mostrarti i genitori e dimostrare che provengono da una linea di sangue di qualità. Oppure, potresti trovare un allevatore che alleva cani da esposizione premiati. Questi cani potrebbero essere un po' meno intensi della media, essere socievoli e avere un aspetto più elegante. Prima di acquistare, decidi cosa stai cercando in un Border Collie in modo che i tuoi soldi siano ben spesi.

17

Un buon cane non è economico. Gli allevatori possono chiedere prezzi elevati perché sono esperti in quello che fanno e la discendenza del cucciolo vale ogni centesimo. Mille euro per un cucciolo possono sembrare eccessivi per un proprietario occasionale, ma per un agricoltore, il cane ripagherà l'investimento con il duro lavoro. Se il tuo sogno è allevare un cane da esposizione campione, potresti voler seguire questa strada.

Un altro motivo per cui potresti scegliere di comprare un cane è la preoccupazione per la salute del tuo nuovo amico. I cani allevati male hanno più probabilità di avere disturbi genetici che possono ridurre la loro qualità di vita o accorciarne l'aspettativa: un buon allevatore saprà come prevenire tali problemi, risparmiandoti centinaia di euro in cure

Foto di
Toni Harvey

veterinarie. Per alcuni potenziali proprietari, l'alto prezzo di un cane ben allevato si ripaga nel lungo periodo.

Allo stesso modo, alcuni proprietari potrebbero trovare più facile addestrare un cane da zero. Se i cani hanno vissuto in una casa che non ha dato loro l'addestramento e la socializzazione di cui avevano bisogno da cuccioli, potrebbe essere più difficile eliminare le cattive abitudini. Ad esempio, se un precedente proprietario non ha insegnato al suo cucciolo come comportarsi durante una passeggiata, il proprietario successivo potrebbe trovare impossibile portare a spasso il Border Collie senza che insegua le auto. Con un cucciolo, puoi garantire di essere l'unica persona a influenzare il suo comportamento.

Tuttavia, il più grande svantaggio dell'acquistare un cane è ignorare tutti quei bravi cani che hanno bisogno di una casa amorevole. Questo è particolarmente evidente quando i cani vengono acquistati da allevatori inesperti o "improvvisati": le attività che allevano cani solo per trarne profitto non dovrebbero essere sostenute, perché l'offerta di cani allevati male danneggia la domanda di cani perfettamente buoni in attesa di adozione.

È un'idea sbagliata che i Border Collie vengano portati nei rifugi perché c'è qualcosa che non va in loro. In realtà, molte descrizioni sui siti di adozione sottolineano che un particolare cane ha bisogno di un certo tipo di casa. I Border Collie vengono spesso ceduti perché il proprietario non aveva i mezzi per prendersene cura fin dall'inizio. In realtà, il problema è spesso il precedente proprietario, non il cane.

Naturalmente, potresti scoprire che un Border Collie è stato ceduto perché non andava d'accordo con i bambini o altri animali domestici. Ancora una volta, questo non lo rende un cattivo cane, ma un cane che ha bisogno di un tipo specifico di casa. Alcuni Border Collie possono infastidirsi o mordere i talloni di bambini vivaci, o non amano condividere i loro umani con un altro cane. Non c'è niente di sbagliato in questo, perché lo stesso cane potrebbe essere un vero angelo in una casa senza bambini e altri animali!

Conoscere la personalità e la storia di un cane è un vantaggio dell'adozione: poiché il cane ha già vissuto in una casa, il rifugio avrà una buona idea di com'è il cane. Come ulteriore vantaggio, un rifugio può abbinare il tuo stile di vita con le caratteristiche di un cane in modo che tu abbia più probabilità di trovare il cane perfetto per te.

Inoltre, non puoi battere il prezzo di un cane adottato. Per appena un centinaio di euro circa, puoi ricevere un cane che è già sterilizzato o castrato, con i vaccini aggiornati e magari anche dotato di microchip! Questa è una buona opzione, se non vuoi prosciugare i tuoi risparmi per un cucciolo e hai già preventivato i soldi per comprare cibo e accessori per cani.

Una cosa che le persone non considerano quando comprano un nuovo cucciolo è che i cuccioli sono un sacco di lavoro. Non solo devono essere educati a fare i bisogni fuori, ma spesso mordono, abbaiano e fanno altre cose che non dovrebbero. Non tutti i cani adottati sono perfetti, ma se puoi adottare un cane un po' più grande, potresti non dover svegliarti ogni paio d'ore durante la notte per farlo uscire o pulire continuamente le pozzette del cucciolo. I nuovi cuccioli sono carini e molto divertenti, ma un cane più anziano è molto più facile da accudire. Per non parlare del fatto che i Border Collie sono una delle rare razze in cui gli esemplari sono altrettanto carini - se non di più - da adulti che da cuccioli.

Un'altra cosa di cui un nuovo proprietario potrebbe non rendersi conto è che non è sempre facile adottare un cane. Un allevatore potrebbe farti domande sulla tua casa, ma probabilmente non ti farà una visita per ispezionare l'altezza della recinzione. Molti rifugi e associazioni di salvataggio per Border Collie chiederanno a un nuovo proprieta-

Foto di
Winsome Marshall

Foto di
Sara James

rio di compilare un questionario e negheranno le adozioni a qualsiasi situazione che ritengono inadatta: questo per garantire che un cane vada in una casa ben preparata e non ritorni dopo pochi mesi a causa di problemi. Può sembrare eccessivo richiedere ispezioni domestiche, visite di follow-up e referenze, ma è nell'interesse del Border Collie.

Va da sé che l'adozione è un'ottima opzione perché offre una buona casa a un cane bisognoso di amore. Può essere difficile trovare il Border Collie perfetto, ma è là fuori - potrebbe solo richiedere un po' di tempo e impegno per trovarlo.

Come trovare un allevatore affidabile

Se decidi che preferisci acquistare il tuo nuovo Border Collie, è importante trovare un buon allevatore che conosca bene la razza. Molti allevatori allevano Border Collie perché sono appassionati nel mantenere buone qualità genetiche nella razza e vogliono assicurarsi che quei tratti non si estinguano mai. Altri allevatori cercano un modo per fare soldi, dato che i Border Collie sono popolari, carini e bravi nei trucchi. I primi sono buoni allevatori; i secondi dovrebbero essere evitati.

Un buon modo per trovare un allevatore di Border Collie è parlare con altri esperti e proprietari. Veterinari, addestratori, club cinofili e associazioni cinofile sono tutti buoni punti di partenza. Anche se il tuo contatto principale non conosce un allevatore, gli appassionati di cani sono solitamente felici di metterti in contatto con altri esperti che ne conoscono. Potresti anche visitare un'esposizione canina o una competizione per fare rete con altri proprietari e addestratori di Border Collie.

Un'altra opzione è condurre una ricerca su Internet; il problema è che una ricerca produrrà molti risultati e non tutti saranno buoni. Questa strada richiede più lavoro perché dovrai ispezionare ogni allevatore individualmente per eliminare quelli inadatti. È facile essere sopraffatti dalla mole di opzioni al punto da rinunciare a fare ricerche accurate e scegliere l'allevatore più vicino.

Anche i suggerimenti di amici e familiari possono essere utili, ma tieni presente che non tutti i consigli saranno buoni. Quando accetti referenze, tieni a mente la fonte della referenza e la relativa competenza sui Border Collie; altrimenti, potresti finire per comprare un cane da un amico di un amico solo per scoprire che le caratteristiche del cane non sono ideali per la tua casa.

Inoltre, se un allevatore sta vendendo cuccioli nati dal suo cane da pastore, procedi con cautela. Anche se potrebbe allevare ottimi pastori, a meno che non prevedi di usare il tuo nuovo cane per il lavoro con il gregge, probabilmente è meglio optare per un cane da esposizione.

Scegliere un allevatore

"Ascolta i consigli dell'allevatore. Conoscono i temperamenti dei genitori e hanno osservato attentamente i cuccioli fin dalla nascita."

Karen Moureaux

www.bordercollie.tv

Ora che hai ristretto la tua ricerca, è il momento di esaminare più da vicino gli allevatori nella tua lista. In generale, stai cercando un allevatore che sia aperto e onesto riguardo al suo lavoro e trasparente nelle sue pratiche. Un buon allevatore vorrà saperne di più su di te e incoraggerà una linea di comunicazione durante il processo di acquisto.

Prima di tutto, un buon allevatore dovrebbe essere un appassionato di Border Collie. Dovresti essere in grado di fare qualsiasi domanda sulla razza e ricevere una risposta informata. Queste sono persone che lavorano con la razza da anni e hanno molta esperienza nel lavorare con loro e nell'esporli. Chiedi esempi di cani campioni o eventi in cui i cuccioli hanno ottenuto buoni risultati. Alcuni Border Collie eccellono nelle gare di Obedience, mentre altri sono fantastici in sport come il Flyball. A seconda di ciò che vorresti fare con il tuo Border Collie, potresti voler scegliere un allevatore con qualche successo in quelle aree.

La genetica è una scienza, e il tuo allevatore dovrebbe avere una buona comprensione di come i tratti vengono trasmessi dal cane alla prole. Assicurati di chiedere quali caratteristiche apprezzano nei suoi cani: questo può aiutarti a verificare la sua comprensione dell'allevamento corretto, assicurandoti allo stesso tempo che il suo cane sia quello giusto per te. Un buon allevatore è attento a escludere tratti indesiderati e malattie genetiche nelle sue cucciolate.

Dovresti anche essere in grado di visitare le strutture del tuo allevatore, che di solito si trovano nella sua casa. Durante la tua visita, controlla che le aree in cui vivono i cuccioli siano pulite e abbiano un odore salubre. Spazi angusti e sporchi sono un segno che l'allevatore non è interessato alla salute dei cuccioli. Un allevatore che rifiuta di farti visitare l'allevamento potrebbe nascondere qualcosa.

Durante la tua visita, vorrai incontrare i genitori del tuo potenziale nuovo cane. Trascorri un po' di tempo con loro e decidi se possiedono le qualità che desideri nel tuo animale domestico. Sono amichevoli nei tuoi confronti? Sono reattivi e ben educati, o sono disobbedienti, aggressivi o nervosi? La femmina sta partorendo secondo un programma pianificato, o sta producendo quanti più cuccioli possibile? Se ti piace stare con i genitori, c'è una buona probabilità che ti piaceranno anche i cuccioli.

Non dovresti essere l'unico a fare domande durante queste conversazioni: un buon allevatore tiene molto a sapere dove finiranno i suoi cuccioli. Proprio come potrebbe fare un rifugio, dovrebbe farti domande di base sulla tua esperienza con i cani, specialmente i Border Collie. In pratica, vorrà sapere se hai lo spazio, il tempo, la conoscenza e l'energia per questa razza.

Se tutto va bene, allora è il momento di scegliere un cane! Se vedi qualche campanello d'allarme durante il processo di verifica, fidati del tuo istinto. Non aver paura di chiedere maggiori chiarimenti se ricevi risposte ambigue. Se non ti senti a tuo agio con un particolare allevatore, non aver paura di non andare avanti: l'ultima cosa che vuoi è ritrovarti con un cane che non funziona nella tua casa o contribuire al sovrappopolamento canino perché hai sostenuto un'attività scorretta.

Prove e garanzie

Quando trovi un buon allevatore, dovrebbe fornirti la prova che il tuo cucciolo è di buona discendenza. Molti sono felici di fornire ai nuovi proprietari un certificato di pedigree, ovvero una documentazione che dimostra che il tuo cane proviene da una lunga linea di Border Collie ben allevati. Potresti anche ricevere la prova che i genitori sono registrati nelle associazioni cinofile.

Se stai acquistando un Border Collie costoso, vorrai una prova da un veterinario che i genitori siano privi di condizioni genetiche. Problemi come l'anomalia dell'occhio del Collie e la displasia dell'anca sono comuni in questa razza; quindi, vorrai assicurarti che il tuo cucciolo non finisca per soffrire di queste malattie.

Foto di
Joe Rook

Per quanto riguarda il tuo nuovo cucciolo, vorrai alcune garanzie che stai ricevendo il prodotto pubblicizzato dall'allevatore. Al momento del ritiro del tuo nuovo cucciolo, l'allevatore dovrebbe aver già portato la cucciolata dal veterinario. Durante questa prima visita, i cani vengono spesso sverminati, vaccinati e potenzialmente vengono rimossi loro gli speroni. Il tuo allevatore dovrebbe essere in grado di fornirti la documentazione di questa visita e l'approvazione del veterinario che il tuo cane è in buona salute per essere venduto.

A sua volta, un allevatore potrebbe chiederti di portare il nuovo cucciolo dal veterinario, solo come salvaguardia contro eventuali reclami: ciò non solo assicura che il tuo cucciolo sia sano, ma verifica le informazioni che l'allevatore ti ha fornito.

Infine, assicurati che il tuo allevatore sia interessato a mantenere un rapporto con te e il tuo cane dopo che la vendita è stata finalizzata. Se qualcosa non funziona con il cane, ti permetterà di restituire il cucciolo per un rimborso? Sarà una fonte di informazioni e consigli, quando si tratterà di preparare il tuo cane per lezioni o competizioni? In tal caso, hai trovato un buon allevatore. Puoi ripagare la sua disponibilità dando aggiornamenti sul tuo cucciolo e consigliandolo ad altri potenziali proprietari.

Scegliere il tuo nuovo Border Collie

"Cerca un allevatore che lavori davvero con i suoi cuccioli. C'è un mondo di differenza tra un cucciolo di 10 settimane cresciuto in un fienile e uno che è stato ben socializzato e seguito QUOTIDIANAMENTE!"

Josie Casebere

https://borderlinekennels.wixsite.com/mysite

Anche se dovresti avere un'idea abbastanza chiara di come sarà la cucciolata, c'è sempre un po' di variazione tra i cuccioli all'interno di una stessa cucciolata. È facile farsi prendere dalla scelta del cucciolo più carino, ma la personalità è più importante in un animale domestico. Cerca un cucciolo che non sia né troppo dominante né troppo passivo: vuoi un Border Collie curioso e giocherellone, ma non aggressivo. Un Border Collie calmo e felice è buono, ma non ne vuoi uno troppo timido o nervoso.

Quando si tratta di scegliere un sesso, non c'è una grande differenza in un senso o nell'altro. I maschi tendono a maturare più lentamente e possono essere un po' più esuberanti delle femmine, che di solito si calmano prima. I maschi potrebbero anche sentire il bisogno di marcare il loro "territorio" più delle femmine, ma una volta che i cuccioli sono sterilizzati o castrati, il divario tra i comportamenti dei sessi si riduce. Se sei preoccupato per le caratteristiche inerenti ai diversi sessi, considera di concentrare la tua attenzione sui tratti individuali del cucciolo.

Se non sei ancora sicuro su quale cane scegliere e ti fidi del tuo allevatore, chiedigli la sua opinione: ha gestito molti cuccioli durante la sua carriera; dopo averti conosciuto meglio, dovrebbe essere in grado di abbinarti con il cucciolo giusto.

Consigli per l'adozione

Ci sono molti modi per trovare il Border Collie giusto da adottare, ma di solito ci vuole pazienza. Se il tuo cuore è deciso su un cane di razza pura con un tipo di mantello o colore specifico, potresti dover aspettare un po', prima che quello giusto ti capiti.

Il posto più comune per adottare è un rifugio locale; tuttavia, poiché cani di tutte le razze vengono portati nello stesso posto, può volerci del tempo prima che appaia un Border Collie. Se non vuoi aspettare e non ti interessa se il tuo cucciolo è locale, ci sono siti web che raccolgono informazioni da un gran numero di rifugi in modo che tu possa trovare il cane dei tuoi sogni da qualche parte nel Paese. Se non ti dispiace guidare per una distanza considerevole per ritirare il tuo cucciolo, questa è una buona opzione.

Un altro posto dove puoi adottare un cane è un'associazione di recupero per Border Collie: questi sono rifugi che si occupano solo di Border Collie. Potresti avere maggiore difficoltà ad adottare uno di questi cani perché queste associazioni hanno standard elevati per i nuovi proprietari. Mentre un rifugio per cani generale potrebbe avere un questionario non specifico, un'associazione di recupero per Border Collie si assicurerà che tu sia adatto ad adottare un Border Collie. Alcune associazioni potrebbero anche farti compilare un questionario prima che tu possa essere abbinato a un cane per evitare che un nuovo proprietario faccia "shopping visivo". Questi volontari trascorrono molto tempo con i cani salvati e conoscono le personalità e le sfide poste dai singoli cani.

Quando pensi di aver trovato un cane adatto a te, è il momento di visitare il Border Collie. Concediti tutto il tempo necessario per presentarti lentamente al cane e conoscerlo. Chiedi se puoi portare il cane a fare una passeggiata o lanciargli una palla per conoscerlo un po' meglio. Se hai bambini, portali con te per una visita. Assicurati che l'esperienza sia positiva e non stressante per il cane. Se sei affascinato dopo la prima visita, non affrettarti a prendere un impegno: è difficile capire come sarà vivere con un cane dopo una sola visita veloce nel suo territorio.

Una visita a casa è un passo successivo importante. Questo è un modo per provare il cane nella tua casa, e per il cane di provare te. È naturale che un Border Collie sia un po' scettico in un nuovo posto, ma se il Border Collie è ragionevolmente calmo, curioso e giocherellone durante la visita a casa, è un buon segno che le cose funzioneranno. Questa visita è anche importante per assicurarsi che il Border Collie vada d'accordo con gli altri animali domestici o bambini che vivono in casa: se il Border Collie è aggressivo verso gli animali domestici o i bambini, potrebbe non essere adatto.

Se tutto va bene, allora è il momento di adottare e portare il tuo Border Collie a casa definitivamente. Mantieni i contatti con il rifugio o l'associazione durante la prima settimana a casa: purtroppo, possono sorgere problemi, ed è importante avere un supporto disponibile per dirti se il problema può essere risolto o se il cane deve tornare al rifugio.

Non importa quanto sei entusiasta di introdurre un nuovo animale domestico nella tua casa, non affrettare il processo di scelta di un Border Collie. Questa razza non può vivere in qualsiasi casa, quindi è importante essere onesti con se stessi su ciò che funziona e ciò che non funziona. Mentre gran parte del comportamento di un cane può essere migliorato, ci sono alcuni tratti che causeranno solo infelicità sia per te che per il cane. La pazienza è una caratteristica importante per il proprietario di un Border Collie, e il processo di acquisto/adozione può essere un importante primo test come nuovo proprietario. Fai le tue ricerche e, col tempo, troverai il cane perfetto per te.

CAPITOLO 3

Preparare la casa per il Tuo Border Collie

"Quando aggiungi un Border Collie alla tua famiglia, stai aggiungendo un nuovo migliore amico. Amano la compagnia."

Josie Casebere
https://borderlinekennels.wixsite.com/mysite

Il processo di preparazione della casa per il nuovo arrivato dovrebbe iniziare prima che il Border Collie sia effettivamente con te. Quando acquisti un cucciolo, probabilmente avrai del tempo extra per prepararti mentre il tuo cucciolo impara a vivere senza la mamma. Se invece adotti, potresti avere meno tempo tra la scelta del cane e il suo arrivo a casa. Una buona preparazione può fare un'enorme differenza tra una transizione tranquilla o stressante, sia per te che per il tuo Border Collie. Quindi, se stai pensando di prendere un cane nel futuro immediato, è bene iniziare a prepararsi mentalmente il prima possibile per evitare di correre freneticamente per casa all'ultimo momento, cercando di rendere tutto perfetto per il tuo nuovo amico a quattro zampe.

Preparare bambini e altri animali domestici

I Border Collie sono generalmente fantastici con i bambini e di solito vanno d'accordo con altri animali domestici, ma una nuova situazione può cambiare il modo in cui un cane pensa o si sente. I Border Collie sono in grado di percepire lo stress negli umani; quindi, se sei nervoso riguardo a come reagirà con gli altri membri della famiglia, anche lui penserà di dover essere nervoso.

Come proprietario, dovresti sempre supervisionare quando il tuo cane è vicino a bambini molto piccoli. Se tuo figlio non è in grado di comprendere i segnali del cane o seguire le tue istruzioni su come comportarsi intorno a un cane, è tua responsabilità assicurarti che nessuno si faccia male. Un cane non può essere biasimato per comportarsi da cane, proprio come un bambino piccolo non può essere ritenuto responsabile delle proprie azioni se non è abbastanza grande per comportarsi correttamente con un animale.

*Foto di
Yvonna Wain*

Prima di tutto, parla con i tuoi bambini su come comportarsi intorno a un cane. Col tempo, un Border Collie potrebbe essere in grado di gestire corse in giardino con un gruppo di bambini rumorosi, ma all'inizio cerca di far mantenere ai tuoi figli un atteggiamento calmo e tranquillo. Con centinaia di cose nuove e potenzialmente spaventose che accadono, un nuovo cane non ha bisogno di un'altra cosa di cui preoccuparsi.

Insegna ai tuoi bambini come accarezzare correttamente un cane. I Border Collie sono cani robusti, ma non gradiscono se qualcuno armeggia intorno al loro muso o tira loro il pelo o la coda. Carezze delicate sulla schiena sono un buon punto di partenza. Per un Border Collie, una pacca sulla testa potrebbe sembrare un tentativo di spingerlo in una posizione di sottomissione, e alcuni cani non reagiscono bene a questo. Col tempo, i bambini potranno arrivare ad accarezzare anche la testa, ma solo quando il cane sarà a suo agio con loro. Il tuo Border Collie potrebbe anche pensare di essere gerarchicamente superiore ai tuoi figli nel branco; quindi, quando è il momento dell'addestramento, lascia che i bambini partecipino.

Poiché i Border Collie sono stati selezionati per radunare il bestiame, non sorprenderti se il tuo cane cerca di radunare i bambini mentre corrono in giardino: il tuo cane non lo fa per essere aggressivo, ma essere inseguito e mordicchiato alle caviglie può essere molto spaventoso per un bambino e non aiuterà a creare una relazione positiva tra tuo figlio e il tuo cane. Se il tuo nuovo cane sembra particolarmente aggressivo, parlane con l'allevatore o il rifugio da cui proviene; saranno in grado di aiutarti a decidere se il cane non è adatto alla tua situazione particolare o se è un problema che può essere risolto con l'addestramento. Un giovane Border Collie potrebbe non sapere che ciò che sta facendo non è necessario; quindi, se il tuo cane inizia a mordicchiare e inseguire, digli un fermo "No!" e smetti di muoverti. Crescendo, dovrebbe imparare quali comportamenti sono accettabili e quali no durante il gioco, ma se il tuo cane mostra tendenze al raduno, questo non significa necessariamente che non possa vivere come animale domestico.

Soprattutto, assicurati che i tuoi bambini comprendano i segnali di avvertimento di un cane. I Border Collie sono generalmente piuttosto gentili, ma hanno bocche grandi e denti affilati che possono essere usati come ultima risorsa. I cani ringhiano e mostrano i denti perché si sentono minacciati. La maggior parte dell'aggressività deriva dalla paura: se tuo figlio sta invadendo lo spazio del tuo cane e questo si sente minacciato, potrebbe scattare verso il bambino. Il ringhio è un modo per il tuo cane di dire: "Per favore, allontanati, sono turbato!". Non ignorare questi segnali, perché un Border Collie può fare molti danni a un bambino piccolo, se provocato.

Potrebbe essere più difficile abituare i tuoi animali domestici ad accettare un nuovo fratello o sorella. Non puoi certo avvertire il tuo gatto di essere gentile con il nuovo cucciolo! Prima di portare definitivamente a casa il tuo Border Collie, cerca di organizzare un incontro tra gli animali in un luogo neutro, come un parco o la casa di un amico. Se va bene, prova un incontro a casa tua. Alcuni animali sono molto amichevoli, ma diventano territoriali se sentono che il loro spazio è minacciato.

Una volta portato a casa il Border Collie, la supervisione è fondamentale. Assicurati che ogni animale abbia il proprio spazio personale. Per un gatto, potresti designare una stanza con un cancelletto in modo che possa evitare il cane se si sente minacciato. Se hai un altro cane, lascia che abbia la propria cuccia o letto che sia off-limits per il nuovo arrivato. Non forzare mai gli animali a stare insieme, se non vogliono: così stai solo cercando guai.

Pericoli domestici

Uno scenario da incubo comune per i proprietari di cani è tornare a casa e scoprire che il cane ha messo le zampe su qualcosa di proibito. Se il tuo Border Collie trova le caramelle di Halloween o un cuscino del divano, sei davvero nei guai. Il modo migliore per impostare il tuo cane per il successo è assicurarti che non ci sia nulla di dannoso a sua disposizione. Purtroppo, è più facile a dirsi che a farsi. Il tuo Border Collie inevitabilmente mangerà un libro tascabile quando si annoierà: questo fa parte della crescita di un cane attivo. Ma ci sono alcune cose in casa che sono più pericolose di altre; quindi, è bene sapere come mantenere il tuo cane al sicuro.

Può essere difficile non cedere alle suppliche del tuo cane durante i pasti umani, ma ci sono alcuni alimenti, che le persone mangiano regolarmente, che sono letali per i cani. Tutti probabilmente sanno che il cioccolato è tossico per i cani, ma non tutti sono consapevoli che l'uva (inclusa l'uvetta), le cipolle, le noci di macadamia, gli avocado e alcuni sostituti dello zucchero possono far ammalare gravemente un cane. Questo include anche cibi confezionati e pasti che contengono questi ingredienti. Un Border Collie probabilmente non si ammalerà tanto quanto un cane piccolo, come uno Yorkshire Terrier, se mangia un singolo acino d'uva o una goccia di cioccolato, ma è meglio evitare di testare la sua tolleranza. In effetti, è una buona pratica preventiva assicurarsi che il tuo cane non mangi cibo umano a meno che non gli venga intenzionalmente dato uno spuntino sano. Questo significa che dovresti raccogliere il cibo caduto prima che lo faccia il tuo cane.

Un'altra cosa a cui prestare attenzione sono gli oggetti che possono essere facilmente strappati e ingeriti. Quando si annoiano, i Border Collie si intrattengono con qualsiasi mezzo necessario: ciò può includere masticare scarpe lasciate in giro o triturare un giornale. Questo può essere fastidioso, ma è generalmente innocuo. Il problema sorge quando il tuo cane mette le zampe su qualcosa di abbastanza piccolo da ingoiare, ma abbastanza grande da bloccarsi in gola. Anche alcuni giocattoli rientrano in questa descrizione. Un cane che mastica molto può distruggere un piccolo giocattolo imbottito nel tempo che ti serve per allontanarti. Se abbastanza imbottitura o tessuto morbido entra nel tratto digestivo, può causare soffocamento o ostruzioni intestinali. Se riesci a portare il tuo cane dal veterinario prima che si ammali gravemente, ti costerà dei soldi per rimuovere tutti i bocconcini proibiti. Nel migliore dei casi, il veterinario può indurre il vomito, ma se le cose sono scese troppo in pro-

Foto di
Yvonna Wain

fondità nel sistema, diventa necessario un intervento chirurgico. Se il tuo cane ama giocare con giocattoli di peluche, rendilo un giocattolo "occasionale": lascia che il tuo cane abbia i suoi ossi da masticare mentre sei via e permettigli di giocare con oggetti più morbidi e strappabili quando puoi supervisionarlo.

Nessun proprietario è perfetto e gli incidenti capitano, non importa quanto vigile sia un proprietario mentre sorveglia il proprio Border Collie. Questi cani possono imparare ciò che è giusto e ciò che è sbagliato, ma questo non significa che non siano capaci di infrangere le regole quando volti le spalle. Prima ancora di portare a casa il tuo cane, trova il veterinario d'emergenza più vicino e salva i suoi contatti: avere un numero di telefono e un indirizzo salvati nel telefono può rendere una situazione spaventosa molto meno spaventosa, e il tempo che risparmi può fare una grande differenza nella salute del tuo cane, se accidentalmente mangia qualcosa che non dovrebbe.

Lo spazio esterno del tuo cane

Il tuo Border Collie trascorrerà molto tempo nel tuo giardino, occasionalmente senza supervisione. In una bella giornata, è fantastico far uscire il cane mentre aspiri i suoi peli dentro casa, ma anche l'esterno presenta pericoli da tenere d'occhio. Questi cani hanno il talento di mettersi nei guai prima che tu possa fermarli.

Prima di portare a casa il tuo cane, dovrai installare una recinzione senza aperture. Una recinzione di due metri è ideale, e alcuni rifugi non ti permetteranno nemmeno di portare a casa uno dei loro Border Collie senza una recinzione in giardino. Un cancello a rete lo terrà dentro, ma è meglio optare per un materiale che non permetta al tuo cane di avere piena visibilità del quartiere. Alcuni Border Collie hanno rinunciato al loro lavoro di pastori in favore di una posizione da cane da guardia: un po' di privacy ridurrà l'abbaiare e l'essere provocati da altri cani o bambini.

I Border Collie sono creature determinate e, se vogliono qualcosa, la otterranno. Se tieni pesticidi, erbicidi o fertilizzanti all'esterno, assicurati che siano in un capanno a cui il tuo cane non possa accedere. Uno scaffale alto potrebbe funzionare se è all'aperto, ma non sottovalutare mai la determinazione di un Border Collie: è impossibile prevedere cosa troverà attraente in un dato giorno.

Inoltre, vorrai considerare le piante che crescono nel tuo giardino. Alcuni cani non sognerebbero mai di mangiare un'ortensia, mentre altri amano brucare qualsiasi cosa verde. Ci sono molte piante che possono

Foto di
Claire MacKenzie

far ammalare un cane, se ingerite: gigli, azalee, stelle di Natale e begonie sono solo alcune delle piante comuni considerate velenose per i cani. Un buon modo per prepararsi al nuovo cane è ricercare un elenco completo di piante velenose per i cani e assicurarsi di non ospitare inconsapevolmente vegetazione mortale nel proprio giardino.

Alcuni proprietari di cani possono cavarsela tenendo il loro cane alla catena in giardino, ma questa non è una buona opzione per un Border Collie. I Border Collie hanno bisogno di molto spazio per correre, molto più di quanto una catena possa permettere. Potrebbe essere utile avere un guinzaglio a portata di mano per il tuo cane nel caso ti trovassi a visitare un luogo senza un giardino recintato, ma ciò non sostituisce l'avere uno spazio sicuro in cui vagare.

Uno spazio per il tuo Border Collie

Alcuni proprietari scelgono di acquistare una cuccia o un grande letto per cani per il loro Border Collie. Qualunque strada tu scelga, devi avere uno spazio in casa che appartenga al tuo cane. Quando un cane è stressato, è naturale che voglia nascondersi in un posto sicuro. Quando gli permetti di andare nel suo angolo, gli stai permettendo di rilassarsi senza essere disturbato. Ad esempio, se il tuo cane odia farsi tagliare le unghie, potrebbe sfuggire dalla tua presa e rannicchiarsi nella sua cuccia. O se il tuo cane ha paura dei temporali, può accamparsi sul suo letto fino a quando non smette. Permettigli di prendersi questo tempo in un luogo in cui si sente a suo agio e non costringerlo a fare qualcosa che non vuole fare.

Uno spazio personale è anche utile se il tuo Border Collie si eccita troppo quando arrivano ospiti o impazzisce quando suona il campanello. Insegna al tuo cane un comando come "Sul tuo letto" o "Nella cuccia" e fagli aspettare nel suo posto sicuro finché non si sarà calmato. In questo modo, non salterà addosso alle persone o abbaierà alla porta.

Se il tuo cane trascorre molto tempo all'aperto, puoi anche considerare uno spazio esterno. Se prevedi di lasciare il tuo Border Collie fuori durante il giorno mentre non c'è nessuno a casa, dagli un riparo in caso di maltempo improvviso: una cuccia con una coperta all'interno o una casetta per cani può dare al tuo cane un nascondiglio in caso di cambiamenti meteorologici. C'è sempre la possibilità che il tuo cane scavi una buca in un punto ombreggiato in estate per rinfrescarsi quando fa caldo. I Border Collie amano stare all'aperto in tutti i tipi di clima, ma non sorprenderti se costruiscono il proprio rifugio.

Più ti prepari per il tuo nuovo Border Collie, più fluida sarà la transizione. Nei primi giorni, fai del tuo meglio per tenere tutti gli oggetti masticabili fuori portata. Un Border Collie annoiato può essere molto distruttivo. Fai del tuo meglio per supervisionare il tuo cane per vedere come reagisce con altri animali domestici e persone. Assicurati di dargli molto spazio se è stressato, ma assicurati di non dargli troppo spazio o si annoierà e si sentirà solo. Mantenere le cose in ordine in casa e in giardino ti ripagherà a lungo termine: avrai ancora più pulizie da fare quando il tuo Border Collie entrerà in casa come una tempesta di zampe fangose e pelo che si sparge ovunque! Almeno in questo modo, non dovrai affrontare anche scarpe rosicchiate e imbottitura di cuscini per aria.

CAPITOLO 4
Portare a casa il tuo Border Collie

"L'esercizio fisico, la stimolazione mentale, la socializzazione con altri cani e il tempo trascorso con te sono fondamentali per il benessere e il corretto sviluppo di un cucciolo di Border Collie. Se uno qualsiasi di questi ingredienti chiave viene a mancare, l'effetto si manifesterà prima o poi in comportamenti indesiderati."

Dave Thomas

www.hollycreekbordercollies.com

Prepararti ad accogliere il tuo nuovo Border Collie è importante quanto preparare la tua casa. Ricorda, i Border Collie sono cani estremamente sensibili e intuitivi: se percepiscono che il tuo livello di stress aumenta, potrebbero agitarsi. Mentre alcuni Border Collie amano l'avventura, altri sono più timidi e cauti. Indipendentemente dalla personalità del tuo cane, sarà sicuramente curioso di fronte a qualsiasi novità o situazione eccitante.

Trasferirsi in una nuova casa può essere spaventoso per un cane, indipendentemente da quanto bene tu abbia pianificato il suo arrivo. Preparati a qualche piagnucolio e nervosismo. La prima notte a casa potrebbe non essere il momento migliore per organizzare una grande festa con tante persone sconosciute e rumore. Il momento per presentare il tuo Border Collie ad amici e familiari arriverà più tardi.

Se ti ritrovi a preoccuparti che il tuo nuovo Border Collie non sia felice nella sua nuova casa, ricorda che potrebbe sentirsi confuso. Se hai acquistato il cane da un allevatore, è lontano dalla madre e dai fratelli per la prima volta. Se hai adottato il tuo cane, potrebbe pensare di essere stato abbandonato di nuovo. Col tempo, il tuo Border Collie imparerà ad amare la sua nuova casa. In questo capitolo, scoprirai cosa devi fare e cosa aspettarti nei primi giorni con un nuovo Border Collie.

Le prime notti

Preparati a perdere un po' di sonno, all'inizio della vostra nuova avventura insieme: i Border Collie sono creature sociali e se hai un piccolo "cane velcro", potrebbe piangere se non sei nel suo campo visivo. Tuttavia, non tutti i proprietari vogliono un cane che dorma nel loro letto. Un Border Collie adulto occupa molto spazio in un letto, specialmente quando si allunga sulla schiena! Se il tuo cane mostra segni di ansia da separazione – anche se sei proprio in fondo al corridoio – potresti voler spostare la sua cuccia o il suo trasportino in un corridoio o persino nella tua stanza. Man mano che diventerà più a suo agio in casa tua, potrai spostare il suo letto altrove, soprattutto se è rumoroso quando dorme.

Se hai un cane giovane con una vescica in crescita, assicurati di poterlo sentire se inizia a lamentarsi nel cuore della notte; altrimenti, ti sveglierai al mattino trovando una pozzanghera e un cane molto a disagio. Se il tuo Border Collie ha meno di sei mesi, potrebbe avere difficoltà a trattenersi per tutta la notte.

Andare dal veterinario

Se non hai già scelto un veterinario, questo è il momento di farlo. Fortunatamente, i Border Collie sono così comuni che sarebbe difficile trovare un veterinario che non abbia esperienza con questa razza, ma se non sai da dove iniziare quando si tratta di trovare un veterinario, ecco alcuni consigli per aiutarti.

Probabilmente, la cosa più semplice da fare è chiedere consigli. Se stai acquistando un cucciolo, chiedi al tuo allevatore dove porta i suoi cani. Se hai un allevatore affidabile, è molto probabile che il veterinario da lui scelto sia di alta qualità. Se stai adottando un cane, chiedi ai dipendenti del rifugio dove portano i loro cani. Se ti trovi in una situazione in cui puoi parlare con i precedenti proprietari, potresti decidere di continuare a portare il tuo cane nello stesso posto, poiché il tuo Border Collie avrà familiarità con la clinica e il personale. Se tutto il resto fallisce, chiedi a un amico della zona un consiglio.

Se hai dubbi sulla qualità di una particolare clinica, una visita può tranquillizzarti. Se le strutture sono pulite, sembra essere gestita in modo efficiente e i veterinari e il personale di supporto sono cordiali e attenti ai loro pazienti, probabilmente hai trovato il posto giusto. Potresti anche voler decidere se preferisci una clinica con sale operatorie, un laboratorio completo e servizi di emergenza, poiché non tutte le cliniche dispongono di queste strutture.

La tua prima visita dal veterinario sarà probabilmente stressante per il tuo Border Collie. Per ridurre l'energia nervosa nel tuo Border Collie, fagli fare molto esercizio prima di andare: come scoprirai, un Border Collie stanco è un Border Collie ben educato. Lancia la palla avanti e indietro in

Foto di
Claire Mackenzie

giardino finché il tuo cane non ansima forte, poi sali in macchina per la visita. Porta con te molti bocconcini gustosi e daglieli spesso per far capire al tuo cane che il veterinario non è poi così male.

Corsi di obbedienza di base

Indipendentemente dall'età o dal livello di abilità del tuo cane, vorrai iscrivere il tuo Border Collie a qualche tipo di corso di addestramento. È bene farlo subito, perché è un ottimo momento per conoscere il tuo cane e per far capire al tuo cane chi comanda. Esistono molti corsi specifici per cuccioli che ti insegneranno come impartire comandi e insegneranno al tuo cane come apprendere il modo corretto di comportarsi. Entrambi trarrete beneficio, lavorando insieme per un tempo prestabilito ogni settimana.

Anche se il tuo Border Collie è adulto, ci sono comunque corsi di obbedienza di base per cani di tutte le età. Se il tuo Border Collie conosce già alcuni comandi di base, vale comunque la pena rivedere queste abilità fondamentali in un ambiente di classe. Il tuo cane potrebbe sapere molto, ma non essere abituato a prendere ordini da te. Rivedi i vecchi comandi in un ambiente positivo con un addestratore che può darti consigli mentre impari di più sulle particolarità del tuo nuovo cane.

Preparare il necessario

Anche se ci vorrà un po' di tempo per conoscere le preferenze del tuo cane in fatto di snack e giocattoli, è una buona idea avere alcune cose pronte prima di portare a casa il tuo Border Collie. In questo modo, non dovrai preoccuparti di lasciare il tuo cucciolo a casa mentre vai a fare shopping. Che tu faccia acquisti prima dell'arrivo del tuo cane o che lo porti con te, ecco una lista di alcuni articoli che vorrai avere a portata di mano nei primi giorni.

Soprattutto se hai un cucciolo, può essere una buona idea avere quello che è essenzialmente un box o un cancelletto per bambini. Se sei preoccupato che il tuo nuovo cane abbia libero accesso alla casa, è utile installare delle barriere per impedire al tuo cucciolo di fare pipì su tutto il tappeto quando non sei a casa per supervisionarlo. Tieni presente che confinare il tuo Border Collie in uno spazio ristretto per lunghi periodi di tempo lo farà impazzire. Va bene tenere il tuo cane in una parte della casa per brevi periodi, ma assicurati che il tuo Border Collie abbia molto spazio per muoversi durante il giorno. Metti il trasportino del tuo cane,

*Foto di
Dee Klatt*

la cuccia, o entrambi in questo spazio designato. Vorrai anche tenere qui le ciotole per cibo e acqua.

Poi, avrai bisogno di un buon collare e guinzaglio. Per iniziare, scegli un collare piatto con fibbia. Più avanti, potrai decidere se vuoi usare una pettorina o un collare da addestramento diverso, ma il collare piatto è adatto per la maggior parte dei cani. Mentre sei al negozio di animali, fai incidere una medaglietta con il nome del tuo cane e i tuoi contatti. Scegli un guinzaglio robusto da 1,2 o 1,8 metri per il tuo cane. I guinzagli estensibili sono popolari, ma non davvero appropriati per un Border Collie: questi guinzagli sono composti da un cordoncino sottile che può facilmente spezzarsi, se il tuo cane forte (e testardo) decide di lanciarsi all'inseguimento di un'auto. Inoltre, è meglio esercitarsi a camminare con il cane al tuo fianco, invece che lasciarlo guidare o seguirti. Un guinzaglio robusto con cui puoi controllare il tuo cane è un'opzione molto migliore.

Per tenere il tuo Border Collie intrattenuto, vorrai alcuni giocattoli che possano resistere alla forza della sua mascella. Un Border Collie può distruggere un peluche in un attimo, quindi non sprecare i tuoi soldi riempiendo il suo cesto di giocattoli fragili. Masticativi di nylon, pelle grez-

41

za e femore di mucca sono una necessità, quando si tratta di accontentare il tuo cane. Scegli un masticativo che non si scheggi o che non possa essere ingoiato facilmente e che sia abbastanza grande da non causare soffocamento. Quando il tuo cane si sente distruttivo, un buon masticativo preserverà la sanità mentale sia del proprietario che del Border Collie.

I buoni giocattoli possono essere costosi, ma dureranno più a lungo dei giocattoli morbidi che saranno facilmente distrutti. Qualsiasi cosa fatta di corda o materiali simili è una buona opzione; e se tutto il resto fallisce, una lattina di palline da tennis può tenere occupato il tuo cane in giardino per ore. Puoi comprare più giocattoli man mano che vedi cosa preferisce il tuo cane, ma è necessario avere sin da subito alcune opzioni disponibili per tenere occupato il tuo nuovo cane.

Infine, vorrai avere a portata di mano alcuni strumenti per la toelettatura. Una spazzola a spilli – e magari una spazzola slicker per i tipi a pelo ruvido – manterrà il pelo esterno lucido e senza grovigli e il sottopelo senza nodi. Uno spazzolino da denti e un dentifricio speciale per cani sono utili per mantenere i denti del tuo Border Collie bianchi e puliti. Le tronchesine per unghie sono essenziali per tagli regolari e per prendersi cura delle unghie spezzate. È anche una buona idea avere a portata di mano uno shampoo delicato per cani o salviette per quando il tuo cane inevitabilmente si rotola in qualcosa in cui non dovrebbe.

Foto di
Sara James

Ripartizione dei costi per il primo anno

Il costo iniziale per avere un Border Collie può essere molto impegnativo, specialmente per chi ha un animale domestico per la prima volta. Anche se potresti sentirti come se stessi prosciugando il tuo conto in banca per il tuo cane, ricorda che ci sono molti costi iniziali. Mentre alcuni articoli, come il cibo per cani, dovranno essere acquistati regolarmente, cose come le tronchesine per unghie dovrebbero durare per tutta la vita del tuo animale. Naturalmente, il prezzo dei prodotti per cani varia a seconda della località e della qualità dei prodotti, ma ecco una stima approssimativa di quanto costerà prendersi cura del tuo Border Collie nel suo primo anno.

Prima di tutto, partiamo dal costo del cane stesso. Qui abbiamo un intervallo molto ampio, perché ci sono diversi modi per acquisire il tuo nuovo migliore amico. Il costo più basso per l'adozione è di circa cento euro, mentre il costo più alto per l'acquisto di un cane supera i mille euro. A seconda del tuo budget complessivo, questo potrebbe fare un'enorme differenza nel determinare se un Border Collie è un'opzione economicamente sostenibile.

Quando si tratta di acquistare le forniture elencate nella sezione precedente, dovrai spendere inizialmente circa 200-400 euro; ma articoli come cancelletti, trasportini e prodotti per la toelettatura dureranno a lungo, per cui probabilmente non dovrai pagarli di nuovo.

Successivamente, dovrai comprare molto cibo e snack. In media, una confezione grande di crocchette costa circa 50 euro. A seconda del peso del tuo Border Collie, una confezione grande durerà circa un mese. Quindi, nel corso di un anno, potresti spendere circa 600 euro per il cibo. Gli snack costano circa 3-5 euro a confezione, e poiché addestrerai spesso il tuo Border Collie, dovrai tenerne molti a disposizione. In un anno, è fin troppo facile spendere quasi cento euro solo in snack per l'addestramento.

Poi, dovrai considerare le visite veterinarie. Con un po' di fortuna, il tuo cane sarà perfettamente sano e avrà bisogno solo di un controllo annuale e vaccinazioni secondo il suo programma. Le vaccinazioni del primo anno, l'esame, la prevenzione contro pulci e zecche e il farmaco contro i parassiti del cuore potrebbero costarti circa 200 euro.

Infine, se scegli di iscrivere il tuo cane a corsi di addestramento (cosa che dovresti seriamente considerare), scoprirai che le sessioni di gruppo di base costano circa 75 euro per un corso di sei settimane. Nel corso del primo anno, potresti completare uno o due corsi di addestramento, se non di più.

Quindi, entro la fine del primo anno del tuo cane in casa tua, non è inconcepibile spendere circa 1.000-2.000 euro, senza includere il prezzo del tuo Border Collie! Il costo per prendersi cura di un Border Collie è sicuramente qualcosa da tenere a mente, prima di acquistare o adottare. E questa è solo una stima approssimativa delle cure di base: se prevedi di addestrare il tuo cane per le competizioni o se avesse un problema di salute imprevisto, questa cifra potrebbe aumentare drasticamente. Questo numero può sembrare scoraggiante per un nuovo proprietario di animali domestici, ma ricorda, un nuovo amico peloso è comunque meno costoso di un bambino umano!

Tutta questa preparazione può sembrare opprimente, ma vale la pena sapere a cosa vai incontro prima di portare a casa il tuo Border Collie. Per quanto riguarda i cani, questa razza richiede molta attenzione e stimolazione mentale e fisica. Esistono prodotti per cani economici, ma un Border Collie può distruggere facilmente un guinzaglio o un giocattolo da masticare fragile. Risparmiare sui giocattoli da masticare o su altri metodi di intrattenimento ti lascerà con un cane indisciplinato. E mentre i corsi possono sommarsi, l'addestramento è vitale per il benessere del tuo Border Collie. In breve, questo non è sicuramente un cane che può stare a casa da solo tutto il giorno, aspettandosi che se ne stia fermo e tranquillo. Ancora una volta, la preparazione è fondamentale. Iscriviti a un programma fedeltà di un negozio di animali e acquista articoli quando sono in offerta. Alcuni negozi regalano persino confezioni gratuite da 2,5 kg di cibo per cani da far provare al tuo Border Collie. Fai scorta di articoli indispensabili, come cibo e snack, quando vedi un'offerta, e supererai il primo anno senza preoccuparti di sforare il tuo budget.

CAPITOLO 5
Educazione igienica e cura del cucciolo

"Non aspettare che il cucciolo abbia 6 mesi per iniziare l'addestramento. Inizia ad addestrarlo e a lavorare con lui dal primo giorno in cui lo porti a casa."

Karen Moureaux

www.bordercollie.tv

I cuccioli sono innegabilmente adorabili, ma richiedono un'enorme quantità di lavoro e attenzione. Un cucciolo non ha la maturità mentale di un cane adulto: tutto è nuovo per lui, e non ci si può aspettare che comprenda il mondo umano e tutte le nostre regole quando sta appena imparando a essere un cane. Quando porti a casa un nuovo cucciolo, preparati a un anno di estrema pazienza da parte tua. Il tuo Border Collie ti metterà alla prova e cercherà di superarti in astuzia a ogni occasione: sii fermo con lui, ma non così severo da dimenticare di essere gentile e premuroso con il tuo piccolo amico. Dopotutto, questi cani sono estremamente sensibili e sanno distinguere tra un proprietario felice e uno infastidito.

Le basi dell'educazione ai bisogni

Quando si tratta di prendersi cura di un nuovo cucciolo, forse la cosa più importante che insegnerai al tuo Border Collie è come fare i bisogni all'esterno. Prima ci riesci, meglio è. Tuttavia, ci vuole molto tempo prima che il tuo cane possa trattenersi per periodi prolungati. Per fortuna, i Border Collie sono intelligenti e desiderosi di imparare; quindi, finché sono contenti del processo di addestramento, dovrebbero capire rapidamente cosa vuoi che facciano.

In generale, i cuccioli possono trattenere la pipì per un'ora per ogni mese di età. Ad esempio, un cucciolo di tre mesi può resistere tre ore prima di avere un incidente, ma questo non è necessariamente quanto a lungo si tratterrà se sente lo stimolo. Una volta che il tuo cane impara a controllare la vescica, puoi iniziare ad allungare gli intervalli tra le uscite.

Assicurati di portare il tuo cane fuori appena ti svegli al mattino e come ultima cosa prima di andare a dormire; questo aumenterà le probabilità che riesca a superare la notte senza incidenti. Durante il giorno, porta fuori il tuo cucciolo quindici-trenta minuti dopo che ha bevuto o mangiato. Poi, dovrai uscire circa una volta all'ora. Il tuo cane potrebbe non fare i bisogni ogni volta, ma è meglio provare piuttosto che avere un incidente in casa.

Premiare il comportamento positivo

Foto di
Dee Klatt

Approfondiremo questo concetto nei capitoli sull'addestramento, ma è importante capire come funziona il cervello del tuo Border Collie prima di insegnargli a fare i bisogni fuori. I Border Collie sono bravi a percepire le emozioni del proprietario, ma non leggono nel pensiero: capiranno solo ciò che viene loro insegnato.

L'addestramento dovrebbe essere un'esperienza positiva. Quando parli al tuo cane, usa una voce allegra, entusiasta e parole di incoraggiamento. "Sì" e "Bravo" sono segnali comuni per far capire al tuo cane che sta facendo ciò che desideri. Quando il tuo cane fa i bisogni fuori, dovresti sempre lodare questo comportamento. Dal momento in cui si accovaccia, dì "Bravo cane!" Quando ha finito, riempilo di lodi e carezze. Potresti anche volergli dare un premietto per il lavoro ben fatto.

Punire per gli incidenti non funziona. Quando sgridi e dai colpetti al tuo Border Collie per aver fatto pipì sul pavimento, lui noterà che sei arrabbiato, ma invece di insegnargli a non fare i bisogni sul pavimento, gli insegnerà che se deve farli in casa, è meglio nasconderlo da te.

Inoltre, molti proprietari non sanno che la memoria di un cane non funziona allo stesso modo di quella umana. Potresti tornare a casa dopo una giornata di lavoro e trovare un mucchietto di cacca sul pavimento: la tua prima reazione potrebbe essere arrabbiarti e sgridare il tuo cane. Alcuni proprietari credono che "strofinandogli il naso" ricorderà ciò che ha fatto e proverà rimorso. Non è vero: il tuo cane non è in grado di collegare un'azione passata (fare la cacca sul pavimento) con una conseguenza futura (essere sgridato e spintonato). Non è un buon modo per educare un cane ai bisogni, ma è un ottimo modo per ottenere un cane terrorizzato da te. Le correzioni possono avvenire solo nel momento in cui si verifica il comportamento scorretto; se scopri il comportamento sbagliato dopo che è avvenuto, il momento dell'insegnamento è passato, ed è meglio pulire e riprovare.

Dove andare?

Alcuni proprietari di cani piccoli potrebbero permettere al loro cane di fare i bisogni su speciali tappetini o stuoie di erba artificiale. I cani piccoli producono meno rifiuti e spesso vivono in appartamenti o case più piccole senza giardino. Anche se potresti cavartela quando il tuo cane è piccolo, non è una grande opzione per un Border Collie adulto. Poiché probabilmente hai un giardino recintato, hai uno spazio perfetto per educare il tuo cane ai bisogni. I tappetini assorbenti potrebbero essere utili solo per assorbire i pasticci nel trasportino, ma è meglio non dare al tuo cucciolo l'idea che fare pipì in casa sia accettabile: ricorda, la coerenza è fondamentale, anche se significa dover uscire ogni ora circa. Scegli un punto nel tuo giardino dove portare il tuo cane. Poiché il suo senso dell'olfatto è collegato allo stimolo di fare i bisogni, non dovrai stare in piedi per sempre mentre aspetti che trovi il posto perfetto. Non lasciare il tuo cane libero in giardino, presumendo che farà i bisogni e tornerà in casa una volta finito; il tuo cucciolo curioso potrebbe dimenticare perché è uscito. Conducilo al suo posto, aspetta che faccia i suoi bisogni e torna dentro quando ha finito.

Addestramento al trasportino ed educazione ai bisogni

"Se non puoi tenere gli occhi sul cucciolo per assicurarti che non accadano incidenti, allora deve stare in un trasportino finché non puoi farlo."

Maggie Pogue
M Bar M Cattle Dogs

In generale, un cane non vorrà sporcare il proprio spazio vitale. Se il tuo cane è abituato al trasportino, eviterà di usarlo come bagno perché è spiacevole per lui avere sporcizia lì dentro. Un box per cuccioli può avere un effetto simile a un trasportino. Questi metodi di contenimento non solo manterranno i pasticci confinati in un'area, ma potrebbero anche

Foto di
Yvonna Wain

aiutare a insegnare al tuo cane che l'esterno è il posto migliore quando si tratta di fare i bisogni.

Nei primi giorni, potresti voler stendere giornali o altri materiali assorbenti per facilitare la pulizia. E se il tuo cane ha un incidente, assicurati di pulire accuratamente con prodotti appositamente formulati che rimuovono gli odori: i cani continueranno a fare pipì nello stesso posto, se sentono residui del loro precedente incidente.

In caso di incidente

Se sei fortunato, coglierai il tuo cucciolo nel bel mezzo di un incidente. Se questo accade, cerca di attirare la sua attenzione: un fermo "No!" o un segnale simile lo aiuterà a capire che sta facendo qualcosa di sbagliato. Se possibile, conduci (o porta in braccio) il tuo cucciolo al suo posto designato all'esterno e lascia che finisca. Se finisce fuori, dagli la sua ricompensa.

Col tempo, inizierai a riconoscere i segnali che il tuo cane sta per fare i bisogni. L'annusare eccessivamente e il girare in tondo possono aiutarti a capire cosa sta per fare il tuo cane. Attira la sua attenzione e portalo rapidamente fuori. Se sei in ritardo, rimuovi tutte le tracce dell'odore e riprova.

Mantenere ferme le tue aspettative

Portando a casa un cucciolo di Border Collie, hai essenzialmente promesso di dare a questo cane esigente tutto ciò di cui ha bisogno per essere felice nella tua casa. È facile essere ottimisti riguardo a quanto tempo dedicherai all'addestramento del tuo cane, solo per diventare compiacente quando le cose si fanno difficili e il tuo Border Collie non è più una novità.

Pensa a come vuoi che il tuo Border Collie si comporti in casa tua. Gli permetterai di sedersi sul divano, o preferiresti che riposasse sul suo letto durante le ore tranquille della sera? Tali questioni possono sembrare banali, ma possono creare confusione nei cani. Ad esempio, potresti decidere che non vuoi che il tuo cane si sieda sui mobili: non c'è niente di male in questo, ma il problema sorge quando permetti al tuo cane di accoccolarsi con te in occasioni speciali, ma non sempre. I Border Collie sono intelligenti, ma non così intelligenti da conoscere la differenza tra un'occasione e l'altra. Sgridarli per qualcosa che in altre occasioni premi può creare molta confusione.

Le regole per un cane variano da famiglia a famiglia. Come proprietario, devi decidere cosa è tollerato e cosa no e attenerti a questo. A volte può sembrare duro, ma il tuo Border Collie sarà più felice con un insieme chiaro di regole da seguire. Coerenza e routine possono mettere il tuo cane a suo agio, ed è meglio iniziare con queste regole fin dai primi giorni.

Quando si tratta di insegnare al tuo cucciolo come comportarsi in casa tua, la supervisione è assolutamente necessaria. Non puoi correggere il tuo cane dopo il fatto - devi coglierlo in flagrante perché sia un momento di insegnamento. In questi primi giorni, è assolutamente imperativo che tu abbia sempre un occhio sul tuo cane; altrimenti, svilupperà cattive abitudini che saranno più difficili da correggere.

Come addestrare al trasportino

L'addestramento al trasportino, se fatto correttamente, può far sentire il tuo Border Collie più sicuro e protetto in casa tua. Un trasportino, o kennel, non è destinato a essere una prigione per cani, ma piuttosto uno spazio sicuro dove il tuo cane può rilassarsi. I Border Collie possono essere particolarmente sensibili agli stimoli travolgenti; quindi, è utile avere un posto dove possano rilassarsi se si sentono tesi. Ad esempio, se il tuo cane è terrorizzato dai temporali, potrebbe ritirarsi nel trasportino per calmarsi.

Un altro vantaggio dell'addestramento al trasportino è la facilità di viaggio in auto. È estremamente pericoloso avere un Border Collie che vaga liberamente in un veicolo in movimento: in caso di incidente, il tuo cane diventerà un proiettile. Tuttavia, un trasportino può tenere il tuo cane contenuto e, se adeguatamente fissato, lo manterrà al sicuro in caso di incidente stradale.

Potresti anche decidere di usare il trasportino come camera da letto del tuo cane - un posto dove stare durante la notte. Nei primi mesi, far dormire il tuo cane nel trasportino può anche ridurre gli incidenti notturni. Oppure, se stai aspettando che qualcuno consegni qualcosa a casa tua e il tuo cucciolo impazzisce al suono del campanello, potresti provare a tenere il tuo cane nel suo trasportino finché la situazione non passa, così che non abbia la possibilità di rinforzare il comportamento dispettoso.

Tuttavia, il trasportino non è un sostituto della supervisione. Un Border Collie ha bisogno di poter camminare, stiracchiarsi e giocare anche quando non sei a casa. Un cane può gestire brevi periodi nel trasportino, ma non un'intera giornata lavorativa. Il trasportino non è nemmeno per la punizione: un cane può scegliere se vuole prendersi un "time out", ma il suo proprietario non dovrebbe spingerlo dentro per cattiva condotta. Questo farà sì che associ il trasportino a sentimenti negativi, rendendolo inutile come luogo sicuro.

Strisciare dentro una scatola buia potrebbe non essere intuitivo per ogni Border Collie. È meglio iniziare questa pratica con i cuccioli. Rivesti il fondo del trasportino con qualcosa di morbido e metti un premio all'interno. Il Border Collie naturalmente curioso vorrà investigare. Non spingerlo - se spaventi il tuo Border Collie, penserà che stia cercando di ingannarlo per fargli fare qualcosa di dannoso. Una volta che il tuo cucciolo ha esplorato il trasportino, metti la sua ciotola del cibo all'interno. Mangiare i pasti nel trasportino aiuterà a rafforzare l'idea che il trasportino è un buon posto dove stare. Successivamente, metti dei giocattoli da masticare all'interno e prova a chiudere lo sportello per brevi periodi. Se il tuo Border Collie rimane calmo, premialo. Continua a esercitarti finché non puoi lasciare la stanza per periodi prolungati senza che pianga. La chiave qui è far sapere al tuo cane che il trasportino è un bel posto dove stare e che tornerai sempre per farlo uscire.

Masticare

Tutti i cuccioli hanno bisogno di masticare. Non solo è un buon modo per tenerli intrattenuti: i cuccioli attraversano il processo di dentizione e hanno bisogno di un modo per far spuntare i denti adulti attraverso le gengive. Il tuo cucciolo masticherà indipendentemente dal fatto che tu gli dia qualcosa da masticare o meno.

Rimarrai stupito da ciò che il tuo cucciolo masticherà, se ne avrà l'opportunità: gambe di tavoli, scarpe, battiscopa e libri sono tutti obiettivi legittimi per un Border Collie annoiato o in fase di dentizione. Affonderà i denti in qualsiasi cosa a sua disposizione; per questo motivo, è meglio dargli molte opzioni per le sue esigenze di masticazione. I giocattoli da masticare sono disponibili in tutte le forme e dimensioni. Per un cucciolo piccolo, trova qualcosa che possa prendere in bocca, ma niente di così piccolo che possa ingoiarlo in un sol boccone. Pelli di manzo, orecchie di maiale, giocattoli di gomma e ossi di nylon sono tutte buone opzioni, ma anche queste cose possono causare mal di pancia, se riescono a ingoiarne grandi quantità.

Anche se compri molti giocattoli da masticare, dovrai comunque reindirizzare il tuo cucciolo verso questi giocattoli quando ha l'impulso di masticare. Quando lo sorprendi a masticare un oggetto proibito, digli un fermo "No" e sostituisci l'oggetto con un giocattolo da masticare. Quando prende il giocattolo, dì "Sì" e fagli i complimenti. Se il tuo cucciolo ha difficoltà a capire queste regole, esistono masticativi per cani che contengono odori e sapori gustosi: questo potrebbe essere sufficiente per invogliare il tuo cucciolo a scegliere l'osso invece della scarpa.

Ansia da separazione

Ai Border Collie piace trascorrere del tempo con i loro proprietari; quindi, potresti scoprire che il tuo cucciolo si angoscia quando viene lasciato solo. Quando si verifica, l'ansia da separazione può innescare molti comportamenti negativi che il tuo Border Collie normalmente non mostrerebbe. Incidenti e distruzione generale aumenteranno, se il tuo cane è ansioso per la tua partenza. Se non controllata, l'ansia da separazione può trasformarsi in un'ansia più generalizzata, difficile da risolvere. I Border Collie sono intelligenti e sensibili, il che può far sì che si preoccupino più della tua assenza rispetto ad altre razze; ma ci sono molte cose che un proprietario può fare per ridurre al minimo l'ansia legata all'entrare e uscire di casa.

Mentre la maggior parte dei proprietari è colpevole di fare grandi scene quando arriva a casa, questo è qualcosa che può creare ansia da separazione in un cane. Le persone amano quando i loro cani sono entusiasti di vederli e vogliono amplificare questo saluto, ma non è buono per il cane. Invece, è meglio non attirare l'attenzione sulle tue entrate e

Foto di
Shannon Treucker

uscite: il tuo Border Collie non ha bisogno che tu gli dia un drammatico addio e saluto ogni volta che attraversi la porta.

Un'altra cosa che può alleviare l'ansia da separazione è assicurarsi che il tuo cane sia intrattenuto e riceva un adeguato esercizio prima che tu te ne vada. Se hai intenzione di trascorrere alcune ore lontano da casa, potrebbe aiutare stancare il tuo cane con una lunga passeggiata o molto tempo di gioco prima di andare. In questo modo, sarà più propenso a sonnecchiare mentre sei via, invece di farsi prendere dal panico perché non è sicuro che tu tornerai. Allo stesso modo, se prepari alcuni giocattoli divertenti e masticativi per il tuo cane, potrebbe essere in grado di tenersi occupato fino al tuo ritorno. I giochi di intelligenza sono ottimi per i Border Collie e possono essere riempiti con gustosi premietti.

Se l'ansia del tuo cane non fosse alleviata da nessuna di queste cose, potresti voler consultare un veterinario, il quale esaminerà il tuo cane per assicurarsi che non ci sia nulla di fisicamente sbagliato. Il veterinario potrebbe decidere di prescrivere farmaci, ma questo viene fatto tipicamente in circostanze estreme. Altrimenti, probabilmente offrirà alcuni suggerimenti su come mantenere il tuo cane calmo in base a ciò che trova nel suo esame.

Fuori casa

"I Border Collie hanno un udito molto acuto. Sono stati selezionati per essere in grado di sentire i fischi di un pastore da campi lontani. Questo li rende più suscettibili alla sensibilità ai rumori. Potresti dover fornire un po' di attenzione confortante extra durante i temporali, i fuochi d'artificio e durante la stagione di caccia."

Josie Casebere
https://borderlinekennels.wixsite.com/mysite

Un cane nuovo potrebbe non comprendere il mondo fuori dalla tua casa e ignorerà tutti i pericoli che presenta. Per questo motivo, dovresti essere molto cauto quando lasci uscire il tuo cane di casa senza guinzaglio. In un mondo ideale, i Border Collie potrebbero essere lasciati camminare senza guinzaglio senza preoccupazioni. Ma mentre il tuo cucciolo potrebbe essere facile da catturare se si allontana da te, sarà in grado di superarti in velocità in pochissimo tempo. E una volta che gli istinti di raduno del tuo Border Collie si attivano, volerà per la strada cercando di radunare le auto. Finché il tuo cucciolo non ha padroneggiato il comando di venire quando chiamato, è meglio tenerlo al guinzaglio. Gli incidenti possono accadere, quindi proteggi il tuo animale tenendo sempre una targhetta di identificazione su di lui e facendogli impiantare un microchip. Non dare per scontato che il tuo Border Collie tornerà a casa dopo aver vagato per il quartiere.

Ora di andare a dormire

Mentre un cane adulto potrebbe essere in grado di vagare per la casa di notte, è meglio tenere un cucciolo in uno spazio contenuto. A meno che tu non voglia svegliarti trovando pozzanghere nascoste e mobili masticati, è una buona idea trovare un posto dove il tuo cucciolo possa dormire mentre tu dormi. Se il tuo cucciolo è in un trasportino, chiudi semplicemente lo sportello e lascialo al suo sonno. Se il tuo cane dorme su un letto, considera di metterlo in un recinto per mantenere il tuo cane in uno spazio confinato.

Ricorda che i cani non seguono lo stesso programma di sonno delle persone. Mentre i cani dormono circa metà della giornata, lo fanno a turni. Quindi, durante le otto ore in cui dormi, il tuo cane trascorrerà parte di quel tempo sveglio. Se un cucciolo deve ancora imparare che la notte è il momento della quiete, inevitabilmente piangerà perché deve andare in bagno o semplicemente perché è solo o annoiato. Se senti questi pianti e porti il tuo cane fuori, assicurati di non premiare i suoi lamenti con il gioco. Rimettilo nel suo trasportino o recinto e torna a dormire. Alla fine, il tuo cane arriverà a capire che anche i suoi umani hanno bisogno di riposo.

Lasciare il tuo cucciolo solo a casa

Anche se il tuo cane non sembra soffrire di ansia da separazione, alcuni degli stessi concetti si applicano a qualsiasi Border Collie. Se sei lontano da casa per la giornata lavorativa, devi comunque assicurarti che le esigenze di esercizio e intrattenimento del tuo cane siano soddisfatte. Una buona passeggiata al mattino preparerà il tuo cane per il successo. Quando esci, assicurati che tutti gli effetti personali siano tenuti fuori portata e che ci siano molti giocattoli sicuri nelle vicinanze. Potresti anche decidere di assumere un dog sitter o un dog walker per controllare il tuo cucciolo a metà giornata: non solo questo è un ottimo esercizio per il tuo cucciolo, ma gli dà la possibilità di fare i bisogni fuori.

Se stai lottando per impedire al tuo cucciolo di fare pasticci mentre è solo a casa, considera un asilo per cani. Può essere costoso, ma è più economico che sostituire tutti i tuoi mobili e tappeti. Questi asili permetteranno al tuo cane di giocare con gli altri in un ambiente supervisionato. Per un proprietario di Border Collie, non c'è niente di meglio che andare a prendere un cucciolo esausto.

Lasciare il tuo cucciolo in un trasportino tutto il giorno non è una buona opzione e dovrebbe essere evitato a tutti i costi. Un cane trascurato inizierà a mostrare problemi comportamentali, rendendo difficile l'addestramento. I cuccioli richiedono molte cure e attenzioni durante il loro primo anno di vita. Se non sei disponibile per soddisfare le loro esigenze, è meglio assumere un aiuto, invece di metterli in una gabbia tutto il giorno.

I cuccioli di Border Collie sono una gioia, ma possono anche essere molto esigenti. Una volta che il tuo cane raggiunge l'età adulta, le cose diventeranno più facili. Sfortunatamente, i proprietari non possono aspettare che il loro cervello si sia completamente sviluppato per iniziare a insegnare le buone abitudini. Prepara il tuo cucciolo al successo rimuovendo tutto ciò che lo metterà nei guai. Poi, dagli più attenzione possibile, anche se ciò significa assumere qualcuno per aiutare. Come tratti il tuo cane durante il suo primo anno farà una grande differenza in come si comporterà nella sua vita adulta.

CAPITOLO 6
Socializzare con persone e animali

Se vuoi che il tuo Border Collie possa uscire di casa, la socializzazione è indispensabile. Quando pensiamo a preparare un cucciolo per la vita adulta, tendiamo a concentrarci sull'educazione ai bisogni e ai comandi, trascurando l'aspetto della socializzazione. Senza buone capacità di socializzazione, scoprirai che il tuo Border Collie non sa come comportarsi con estranei e altri cani: questo può diventare un grosso problema quando vuoi far sfogare un po' di energia nell'area cani, ma il tuo Border Collie non è disposto a giocare con gli altri cani o si agita ai loro tentativi di interazione. La socializzazione può avvenire a qualsiasi età, ma è meglio iniziare presto. Quando il tuo cane ha tra i tre e i sei mesi, inizia a lavorare sulle sue capacità di socializzazione.

L'importanza della socializzazione

"I Border Collie sono selezionati per avere un forte istinto predatorio. I Border Collie in realtà non 'conducono' le pecore; piuttosto, le cacciano sotto il controllo del conduttore. Questo significa che potrebbero non andare d'accordo con altri piccoli animali."

Dave Thomas
www.hollycreekbordercollies.com

Come orgoglioso proprietario di un bellissimo cane, vorrai portare il tuo Border Collie ovunque con te, ma il mondo può essere un luogo molto spaventoso per un cane. I Border Collie sono particolarmente inclini alle fobie dei rumori; quindi, un suono inquietante può mandarli in uno stato di panico. Sempre in stato di allerta, il tuo Border Collie noterà tutto ciò che accade intorno a lui, specialmente qualsiasi cosa nuova o minacciosa.

Mentre noi sappiamo che non c'è nulla di pericoloso negli operai che riparano un tetto o in un camion della spazzatura che fa retromarcia, il tuo Border Collie non lo sa. Allo stesso modo, il tuo Border Collie potrebbe amare le persone ma temere chiunque non assomigli alle persone a cui è abituato, come una persona che tiene un ombrello in un giorno di pioggia.

E mentre il cane nell'area cani è chiaramente amichevole e vuole rincorrere il tuo Border Collie, il tuo cane potrebbe non sapere come giocare con altri cani e potrebbe immediatamente girarsi sulla schiena in segno di resa. Oppure, potrebbe rannicchiarsi per la paura finché il cane amichevole non si arrende e passa a un altro amico. Peggio ancora, il tuo Border Collie potrebbe essere così nervoso da reagire aggressivamente, mostrando i denti e ringhiando.

Nessuno di questi scenari è ideale, se vuoi che il tuo Border Collie abbia una vita normale e felice. La paura può impedire al tuo cane di fare cose che una volta amava fare, come andare a passeggio, giocare con altri cani o persino uscire per fare i bisogni. Un Border Collie non può vivere una vita appagante chiuso in casa tutto il giorno. Quindi, più il tuo cane è socializzato, più felici sarete tu e il tuo amico a quattro zampe.

Foto di
Vikky Stewart

Socializzazione con altri cani

In generale, i Border Collie tendono ad andare d'accordo con altri cani, ma questa non è una caratteristica naturale in tutti i Border Collie. Anche se il tuo cane potrebbe amare rincorrere (ed essere rincorso da) altri cani, può volerci del tempo prima che si senta a suo agio a giocare con altri della sua specie.

Quando inizi questo tipo di socializzazione, trova un posto dove il tuo cane possa interagire con altri ma non si senta sopraffatto da spazi chiusi o troppi cani. Un'area cani affollata potrebbe essere troppo impegnativa per iniziare, ma forse la tua area cani locale non è così affollata nelle prime ore del mattino. Se il tuo Border Collie può annusare in sicurezza un paio di cani senza sentirsi bombardato, questo può essere un buon modo per farlo sentire a suo agio con gli altri. I corsi di educazione per cani sono un altro buon modo per permettere al tuo cane di stare in presenza di altri cani senza doversi preoccupare di navigare le regole del gioco.

Quando un cane vuole conoscere meglio un altro cane, annusa il posteriore. Per un umano, questo comportamento sembra inappropriato, ma può trasmettere molte informazioni a un cane. Non rimproverarlo per questo, ma piuttosto incoraggia il tuo cane a salutare gli altri. Annu-

Foto di Shannon Treucker

sare il posteriore di un cane gli farà sapere se sta interagendo con un maschio o una femmina e se è stato sterilizzato. Si ritiene che ci siano più informazioni trasmesse attraverso l'olfatto, ma gli umani non hanno un senso abbastanza acuto per raccoglierle.

Quando il tuo Border Collie è a suo agio, inizierà a giocare o permetterà all'altro cane di iniziare. Se la parte anteriore del tuo Border Collie è bassa a terra e la coda è alta e scodinzolante, questo è un segno che il tuo cucciolo vuole giocare. Se si gira sulla schiena o mette la coda tra le gambe, significa che non è a suo agio nella sua posizione nel branco e si sta arrendendo al cane più dominante.

Fai un passo indietro e lascia che il tuo cane interagisca con gli altri. Se sei nervoso, il tuo cane lo percepirà e si sentirà nervoso anche lui. Stare troppo vicino gli dà la sensazione di dover stare in guardia nel caso succeda qualcosa di brutto. Vuoi che il tuo cane creda che non ci sia nulla di cui preoccuparsi.

Se vedi il tuo cane mordere leggermente un altro cane sul collo, questo non significa necessariamente che il tuo cane sia aggressivo: i cani usano la bocca per giocare, quindi quello che stai vedendo è un invito a giocare. I cani comunicano attraverso segnali non verbali, quindi il tuo cane sta raccogliendo informazioni su chi è dominante e chi è sottomesso mentre interagisce con altri cani.

Se il tuo cane si spaventa seriamente, non forzarlo a rimanere in una situazione da cui vuole uscire. Ringhiare e mordere sono segni che devi separare il tuo cane dagli altri. Un'esperienza traumatica può far sì che il tuo Border Collie abbia paura dei cani per molto tempo; quindi, è importante osservare questi segnali e lasciare che il tuo cane prenda un po' di spazio, se necessario.

Una volta che il tuo Border Collie è a suo agio con alcuni cani familiari, puoi lavorare sull'incontro con nuovi cani di tutte le taglie. L'obiettivo è far sì che il tuo Border Collie si senta calmo e a suo agio con qualsiasi cane possa incontrare. Ed è un vantaggio aggiuntivo se il tuo cane può sfogare tutta la sua energia rincorrendo i cani nel parco.

Salutare nuove persone

Così come i Border Collie tendono ad andare d'accordo con altri cani, sono anche ottimi con le persone. Il tuo Border Collie sarà probabilmente il primo a salutare uno sconosciuto con la coda scodinzolante. Probabilmente, non dovrai preoccuparti che il tuo cane sia timido con persone

nuove: i Border Collie vivono per ricevere attenzioni e vogliono tutto l'a-
more e l'affetto che possono ottenere.

Tuttavia, questo non significa che non useranno cautela quando in-
contrano nuove persone. I Border Collie possono essere sospettosi di
cose nuove che non hanno mai sperimentato prima. Ad esempio, se sei
una donna di piccola statura e il tuo cane ha trascorso del tempo con altre persone come te, si abituerà all'idea che tutte le persone abbiano il
tuo aspetto e la tua voce. Ma se un uomo di una certa stazza entrasse
nello spazio del tuo cane, potrebbe abbaiare ed essere diffidente verso
questa persona dall'aspetto diverso. Ecco perché è importante socializzare il tuo cane con altre persone: vuoi che il tuo Border Collie sia a suo
agio con i tuoi amici, un dog sitter o semplicemente con gli estranei che
passano sul marciapiede.

Quando presenti il tuo cane a nuove persone, fai in modo che la persona rimanga calma e si comporti come se il cane non ci fosse. Quando
il tuo cane si avvicina, permettigli di annusare la persona prima di essere
accarezzato. Se il tuo cane è aperto a essere toccato da uno sconosciuto,
puoi far dare un premio al tuo cane dalla persona. Puoi usare questo metodo anche fuori casa. Le persone sono spesso desiderose di accarezzare i Border Collie perché sono così carini e amichevoli: se qualcuno vuole

Foto di
Lori Steele

accarezzare il tuo cane, fai in modo che la persona gli dia un premio se risponde positivamente alle carezze.

Proprio come quando presenti il tuo Border Collie ad altri cani, se il tuo cane è spaventato o a disagio, non forzarlo a stare con qualcuno con cui non vuole stare. Allontana il cane dalla situazione e riprova quando si sarà calmato. Capirai che il tuo cane è ben socializzato quando sarà calmo con gli estranei e non sovrastimolato dall'incontro con nuove persone.

I Border Collie e i bambini

Anche se i bambini rientrano nella categoria delle "persone che piacciono ai Border Collie", potrebbero esserci casi in cui un Border Collie si infastidisce con i bambini piccoli. Proprio come i cani, i bambini possono essere imprevedibili nelle loro azioni e, per quanto tu possa istruirli a giocare gentilmente con il tuo Border Collie, entrambe le specie hanno la tendenza a ignorare le regole degli adulti a favore delle proprie.

I Border Collie sono buoni animali domestici per la famiglia grazie al loro carattere amichevole, ma possono sorgere problemi quando il tuo Border Collie inizia a vedere un gruppo di bambini come un gregge che ha bisogno di essere controllato. Mordicchiare le caviglie e correre in cerchio intorno ai bambini non è insolito per questa razza.

È sempre meglio supervisionare se i bambini stanno giocando con il tuo cane, specialmente in modo vivace. Dovrai monitorare i segnali non verbali del tuo cane per sapere quando è il momento di andare nel trasportino per rilassarsi lontano dai bambini rumorosi. Dopotutto, un Border Collie potrebbe non sapere come gestire rumori forti e acuti e carezze rudi, se non è abituato a stare regolarmente con i bambini. Pratica un po' di cautela in più e il tuo cane imparerà a essere calmo intorno ai bambini.

Quando socializzi il tuo cane con persone e altri cani, procedi lentamente in modo da non finire per sopraffarlo. Un Border Collie spaventato può essere molto testardo e difficile da correggere dalle cattive abitudini. Quando si tratta di interagire con gli altri, l'obiettivo è far sentire il tuo Border Collie naturalmente eccitabile calmo e a suo agio. È naturale che il tuo cane sia eccitato intorno agli estranei, ma dovrebbe essere un'eccitazione felice e non nervosa.

Una volta che il tuo cane ha padroneggiato un luogo, prova un altro posto. Per il Border Collie, notoriamente sensibile ai rumori, inizia con parchi tranquilli e procedi gradualmente verso luoghi rumorosi o affollati, come i centri commerciali all'aperto. Più sono i luoghi in cui il tuo cane può funzionare ed essere calmo intorno agli altri, più cose potrà fare con te.

CAPITOLO 7

Il tuo Border Collie e gli altri animali domestici

Se hai già animali domestici in casa, un Border Collie può essere un'ottima aggiunta. Poiché è una razza capace di andare d'accordo con altri animali, il tuo nuovo cane può diventare un eccellente compagno per i tuoi animali già presenti. Tuttavia, aggiungere un nuovo animale al tuo gruppo può essere stressante sia per il nuovo cane che per i tuoi vecchi amici a quattro zampe. Con la giusta preparazione, puoi rendere facile la transizione del tuo Border Collie in famiglia. Questa sezione si concentrerà sui modi per inserire il tuo nuovo Border Collie in casa senza disturbare la pace.

Come fare le presentazioni

"È importante mantenere positive le prime esperienze di socializzazione del tuo cucciolo. Non presentarlo a nuovi cani a meno che tu non sia assolutamente sicuro che quel cane interagirà bene con il tuo cucciolo."

Josie Casebere

https://borderlinekennels.wixsite.com/mysite

Non affrettare le cose! Anche se sei entusiasta di avere il tuo nuovo Border Collie in casa, tutti saranno molto più felici se avranno la possibilità di conoscersi gradualmente. Forzare animali che non si conoscono a stare insieme è un buon modo per creare tensione. I cani sono noti per essere territoriali; quindi, se il tuo vecchio cane crede che il suo territorio stia per essere invaso dal tuo nuovo Border Collie, questo può portare a litigi e altri comportamenti problematici.

Un allevatore o un'associazione di recupero di Border Collie dovrebbe incoraggiare i tuoi sforzi per promuovere l'armonia all'interno del tuo gruppo. Prima di portare definitivamente a casa il tuo nuovo cane, chiedi se puoi presentarlo ai tuoi altri animali. Incontratevi in un luogo neutrale, come un'area cani o il giardino di un amico. Permetti ai cani di annusarsi a vicenda e incoraggiali a giocare.

Se questo incontro va bene, organizzane un altro a casa tua. Il tuo cane già presente avrà già familiarità con il nuovo arrivato; quindi, potrebbe essere più a suo agio nel vederlo annusare in giro per i suoi spazi. Cerca di rilassarti, ma tieni d'occhio i cani: basta poco, anche solo uno sguardo strano da parte di uno dei due, per scatenare una lite. Sii pronto a separarli in un istante.

Può essere utile avere qualcun altro con te durante questi incontri. Se entrambi i cani sono al guinzaglio, è facile separarli se non vanno subito d'accordo. Se i cani non si trovano bene, separali e riprova. Potrebbero volerci alcuni incontri prima che si sentano a loro agio l'uno con l'altro.

Quando ti senti sicuro che i tuoi animali possano andare d'accordo, è il momento di portare definitivamente a casa il tuo Border Collie. Ma non illuderti di essere fuori pericolo: i cani a volte si comportano diversa-

Foto di
Joanne Herbert

mente quando non li stai guardando, specialmente l'astuto Border Collie. Se non puoi essere presente per supervisionare, puoi scegliere di creare spazi separati per ogni animale. Ad esempio, se esci per andare al supermercato per un'ora, puoi mettere il tuo Border Collie in un recinto o usare dei cancelletti per bambini per creare una separazione: in questo modo, i tuoi cani saranno ancora in grado di vedersi o annusarsi, ma avranno qualcosa che impedirà loro di essere troppo aggressivi se dovesse svilupparsi un alterco.

Mentalità di branco

Se i nostri cani domestici si comportino o meno allo stesso modo dei loro antenati canini è oggetto di dibattito. Alcuni addestratori basano il loro metodo su come i cani agiscono all'interno di un branco, mentre altri non danno molto peso a questa teoria. Tuttavia, quando vedi diversi cani interagire in un'area cani, sembra esserci un ordine sociale: alcuni cani sono più dominanti di altri, mentre altri sono sottomessi nelle situazioni sociali.

Una volta che i tuoi cani iniziano a interagire tra loro, potresti notare che assumono questi ruoli. Se un cane è chiaramente dominante sull'altro, questo non è necessariamente un male. Il fatto che un cane sia dominante in alcune situazioni non significa che sia necessariamente cattivo o aggressivo, mentre il tuo cane sottomesso non è necessariamente timido e impaurito. Questi ruoli possono cambiare a seconda dell'interazione sociale in cui si trovano.

Ciò che il tuo piccolo branco di lupi dovrebbe sapere è che tu sei il capobranco. I Border Collie metteranno alla prova i tuoi limiti e cercheranno di spingerti a dare loro ciò che vogliono. Se il tuo cane protesta perché vuole uscire a giocare, non cedere subito ai suoi desideri, o saprà che è lui a comandare. Prendi tu le decisioni per i tuoi cani, non il contrario. Alcuni addestratori suggeriscono persino di prendere parte ai rituali del branco, come mangiare prima che il tuo cane mangi. Potrebbe non fare una grande differenza nel comportamento dei tuoi cani, ma vale la pena provare.

Litigi

L'atteggiamento di un cane può cambiare in un istante, molto probabilmente quando non stai guardando. Un Border Collie ha uno sguardo intenso, che può risultare sgradevole per altri cani che stanno cercando di stabilire la dominanza. Oppure, il tuo Border Collie potrebbe essere un perfetto angioletto e il tuo altro cane potrebbe essere scontento di non essere più al centro dell'attenzione. Qualunque sia il caso, è spaventoso trovarsi in mezzo a cani che litigano.

È importante interrompere immediatamente la lite in modo che nessuno dei due cani si faccia male; tuttavia, è altrettanto importante che nessuna persona si faccia male nel tentativo di sedare una lite.

Prima di tutto, è bene conoscere la differenza tra gioco e lite. Mordere non significa necessariamente che sia una lite. I cani possono giocare in modo brusco senza avere cattive intenzioni l'uno verso l'altro. I cuccioli mordono perché stanno ancora cercando di capire come usare la bocca nel gioco. Se il tuo nuovo cucciolo morde troppo forte il tuo altro cane, quest'ultimo guairà per far sapere al tuo cane che sta esagerando. Il linguaggio del corpo e le vocalizzazioni ti aiuteranno a capire quando intervenire. Mostrare i denti è un tipico segno che un cane è agitato. Un corpo teso o spalle sollevate sono altri segnali. Il ringhio può suonare diverso dai ringhi di gioco.

Può essere pericoloso separare due cani in una lite. Se ti metti in mezzo ai cani, potrebbero non interrompere il loro attacco solo perché sei sulla loro strada. Allo stesso modo, se cerchi di afferrare un cane dal collare per allontanarlo, potrebbe non rendersi conto che sei tu a toccarlo e provare ad attaccare. Alcuni esperti suggeriscono di afferrare un cane per le zampe posteriori e indietreggiare per separare i cani. Una volta creato spazio tra i cani, separali usando cancelli o stanze separate finché non si calmano.

Poiché è difficile separare da soli dei cani che litigano, alcuni proprietari usano un rumore forte o una bottiglia spray piena d'acqua per distrarre i cani dalla loro lite. Tuttavia, questo potrebbe non essere sufficiente per separare i cani nel momento di massima tensione.

I cani non attaccano senza motivo. Purtroppo, potremmo non comprendere la causa del loro stress. Una volta terminata la lite, cerca di capirne la causa per prevenire futuri scontri. Ad esempio, se hai messo il cibo per entrambi i cani in uno spazio ristretto, forse uno è diventato possessivo e ha provocato l'altro. Una volta trovato il problema, puoi lavorare alla soluzione.

Crescere cuccioli della stessa cucciolata

Se avere un Border Collie è bello, allora avere due Border Collie deve essere meglio, giusto? Può essere divertente avere più cuccioli nuovi nella tua famiglia, ma non è necessariamente una buona idea scegliere due cuccioli della stessa cucciolata. Da un lato, la socializzazione è più facile perché i tuoi due nuovi Border Collie sono stati insieme dalla nascita. Sfortunatamente, possono sorgere problemi comportamentali proprio per questo motivo.

La "sindrome del fratello di cucciolata" è il termine usato per descrivere i comportamenti strani che i fratelli di cucciolata sviluppano nella loro nuova casa. A volte, i proprietari di fratelli di cucciolata scoprono che i loro cani sono difficili da addestrare perché sono troppo distratti l'uno dall'altro per ascoltare il proprietario. Alcune scuole di addestramento per cani scoraggiano persino di portare cuccioli fratelli alla stessa lezione. La ragione di questo comportamento non è chiara, ma alcuni credono che sia perché i cani sono troppo ben socializzati tra loro, e questo legame impedisce loro di sviluppare una relazione stretta con il proprietario.

Un altro sintomo di questa sindrome è l'ansia da separazione estrema quando uno è separato dall'altro. Ad esempio, se devi portare un cane dal veterinario ma non l'altro, questo manderà entrambi i cani in crisi perché sono stressati dal non avere la loro metà intorno. Questo

Foto di Lora Raycroft

può anche rendere difficile addestrare ogni cane separatamente, perché si chiedono costantemente dove sia il loro compagno.

Forse, il sintomo peggiore della sindrome del fratello di cucciolata è che questi cuccioli sono più inclini a litigare con il loro fratello, rispetto ai cuccioli di cucciolate separate. A differenza di quanto accade con altri cani, questi litigi non sono dovuti alla paura; piuttosto, accadono quando la frustrazione viene facilmente sfogata sul compagno. Ad esempio, se i tuoi cani vogliono uscire a giocare e tu ci stai mettendo troppo tempo a metterti le scarpe, questa frustrazione e l'energia in eccesso possono scatenare una lite che può essere dannosa per tutti i coinvolti.

Se stai pensando di comprare o adottare due fratelli di cucciolata, considera se lo stress extra e i problemi comportamentali ne valgono la pena. In effetti, potresti riconsiderare l'acquisto di due cani contemporaneamente, anche da cucciolate separate. Se hai deciso di avere più cani in casa, portane a casa uno e lavora con lui finché non sei sicuro di poter ripetere il processo. Molti proprietari alle prime armi non si rendono conto di quanto lavoro sia allevare anche un solo cane. Dopo aver fatto acclimatare il tuo primo cucciolo alla tua casa e al tuo stile di vita, saprai quando sarai pronto per il secondo.

Cosa fare se i tuoi animali domestici non vanno d'accordo

Alcuni cani e gatti non sono destinati ad avere fratelli canini. Le differenze di specie, razze e socializzazione possono rendere difficile per un animale domestico andare d'accordo con un nuovo cane. Quando hai provato tutto ciò che ti è venuto in mente per far andare d'accordo i tuoi animali e niente ha funzionato, è il momento di fare un nuovo piano. Se sei allo stremo, parla con uno specialista: un veterinario o un addestratore di cani potrebbe essere in grado di individuare il problema dopo aver visitato i tuoi animali.

Se si tratta solo di passare troppo tempo insieme in stretta vicinanza, trova un modo per tenere separati i tuoi animali mentre non sei a casa per supervisionare. Ad esempio, se il tuo gatto non è interessato a giocare con un Border Collie energico che continua a cercare di spingerlo in giro, installa cancelli e tiragraffi che gli permettano di stare lontano dal tuo cane. Se i tuoi cani hanno difficoltà ad andare d'accordo durante i pasti, posiziona le loro ciotole in aree separate in modo che possano mangiare senza nemmeno sapere che anche l'altro sta ricevendo il suo pasto.

Forzare il tuo nuovo cane in una situazione non sicura non è mai una buona idea. È meglio restituire un cane a un rifugio o a un allevatore, piuttosto che far subire gravi lesioni a uno dei tuoi animali (o a te) a causa di ciò. Può essere difficile rinunciare a un cane, ma è meglio aspettare che la situazione domestica cambi prima di aggiungere un nuovo animale.

Socializzare un nuovo Border Collie con gli animali domestici esistenti è estremamente importante per la felicità nella tua casa. C'è molto in gioco, e può essere straziante se i tuoi preziosi animali non vanno d'accordo. Dai ai tuoi animali tutto il tempo necessario per abituarsi l'uno all'altro. Con pazienza, stretta supervisione e un po' di fortuna, i tuoi animali diventeranno migliori amici in pochissimo tempo!

CAPITOLO 8
Esercizio fisico e mentale

"Se ti infastidiscono alcune 'stranezze' e ti ritrovi continuamente gio-cattoli in grembo, allora potresti trovarti meglio con una razza che non ha un'etica del lavoro ad alto numero di ottani."

Karen Moureaux

www.bordercollie.tv

Tra tutte le razze canine, è probabile che i Border Collie abbiano la maggiore necessità di costante stimolazione fisica e mentale. È ciò che rende questa razza così divertente da possedere, ma comporta anche un lavoro estenuante per il proprietario. Come scoprirai, non c'è niente di meglio di un Border Collie stanco. Il Border Collie stanco è calmo e segue le indicazioni. Quando vuoi ricevere ospiti, andare dal veterinario o lavorare su un nuovo comando, vuoi avere un Border Collie stanco.

Quando un Border Collie non fa il suo esercizio, diventa indisciplinato e distruttivo. Guairà e abbaierà finché non ti alzerai per giocare con lui, oppure aspetterà che tu esca per rosicchiare i mobili e strappare i libri. Il Border Collie energico è anche più incline a crisi d'ansia, se i suoi bisogni di esercizio non vengono soddisfatti.

Quando i Border Collie vengono ceduti ai rifugi, spesso è perché i proprietari ne hanno acquistato uno perché sono carini e intelligenti, ma non hanno intenzione di dedicarvi le attenzioni di cui ha bisogno. Se non vengono accuditi nel modo necessario, questi cani diventano indisciplinati e difficili da gestire. A sua volta, questa testardaggine o cattivo comportamento rende il proprietario non qualificato meno propenso a voler lavorare con loro. Alla fine, sia il cane che il proprietario sono infelici.

Una volta che inizierai a comprendere le esigenze individuali del tuo Border Collie, la tua routine quotidiana sarà più facile da gestire. I cuccioli e i giovani adulti possono essere un selvaggio concentrato di energia, ma con la maturità, si calmeranno un po'. Questo non significa che il tuo Border Collie adulto perderà il suo amore per il gioco. Una volta trovato il giusto equilibrio tra esercizio e intrattenimento, prendersi cura del tuo Border Collie diventerà un gioco da ragazzi.

Foto di
Paul Simon

Requisiti di esercizio

Un Border Collie non si accontenterà di una sola passeggiata al giorno. Dopo un po' di esercizio, potresti pensare che il tuo cane sia stanco, ma aspetta solo un momento: dopo un breve riposo, sarà di nuovo pronto a partire. Può essere una sfida tenere occupato il tuo cane, specialmente se hai altri impegni oltre a quello di intrattenere un Border Collie. Ecco un esempio di routine quotidiana che può mantenere il tuo cane felice. Naturalmente, il tuo cane potrebbe sempre gestire più attività di queste, ma questo programma dovrebbe coprire i requisiti di esercizio di base del tuo cane.

Mattina: fai una breve passeggiata—dai dieci ai venti minuti. Meno dorme il tuo cane mentre sei a casa, meglio è. Svegliaolo presto per un po' di esercizio che gli permetta di fare i suoi bisogni. Potresti anche utilizzare del tempo libero aggiuntivo per giocare con il tuo cane.

Ora di pranzo: dopo che il tuo cane ha fatto i suoi bisogni, lancia la palla in giardino per tutto il tempo che puoi. Un vigoroso gioco di riporto può bruciare molta energia, permettendo al tuo cane di fare un pisolino una volta che torni al lavoro.

Pomeriggio: questo è un buon momento per una lunga passeggiata o anche una corsa. Cerca di dare al tuo cane circa un'ora di esercizio in questo momento della giornata; altrimenti, ti infastidirà per il resto della serata.

Sera: il divertimento non finisce mai con un Border Collie! Proprio quando sei pronto per riposare la sera, il tuo cane ha trovato una nuova fonte di energia. Questo è un buon momento per giocare al tiro alla fune o lavorare su comandi divertenti. Pianifica di trascorrere almeno un'ora del tuo tempo intrattenendo il tuo cane; puoi trovare alcune idee per attività divertenti nelle sezioni successive.

Ricorda, il tuo Border Collie può gestire molta più attività. Se sei nella posizione di poter trascorrere più tempo con il tuo cane, è fantastico!

Il tuo cane adorerà poter giocare tutto il giorno tra un pisolino e l'altro. Se il tuo programma ti concede meno tempo libero, considera l'idea di assumere un dog walker o di portare il tuo cane in un asilo nei giorni più impegnativi. Scoprirai che vale la pena spendere quei soldi per avere un cane soddisfatto.

Diversi tipi di esercizio da provare

"Devi fornire al cane un lavoro da svolgere ogni giorno fino a quando non è esausto."

Vicki Hughes

www.possumhollowfarms.com

Non c'è davvero limite a ciò che il tuo Border Collie è capace di fare, quando si tratta di attività all'aperto. I Border Collie sono ottimi compagni per lunghe passeggiate, escursioni o brevi corse. Ricorda solo che questi cani possono surriscaldarsi in temperature calde, specialmente se il tuo ha un mantello lungo e folto. In temperature fredde, un Border Collie attivo può andare avanti per un bel po'. Le corse vanno bene per bruciare molta energia in poco tempo, ma assicurati che il tuo cane non si sforzi troppo. I Border Collie sono costruiti per lo sprint: possono correre velocemente, ma con molti piccoli riposi nel mezzo. Il tuo cane dovrebbe essere in grado di gestire due o tre chilometri senza problemi, se è in forma; tuttavia, un cane non dovrebbe allenarsi per una maratona al tuo fianco.

Nelle giornate calde, fai passeggiate più brevi e più frequenti dando al tuo cane molto tempo per rinfrescarsi tra un'uscita e l'altra. Inoltre, ogni volta che esci di casa per più di una rapida passeggiata in una giornata calda, porta acqua fresca per il tuo cane e fermati frequentemente. I cani non possono dirti quando hanno troppo caldo e sono stanchi. Se lo spingi troppo oltre, un colpo di calore può far star male gravemente il tuo cane. Fermati per brevi pause all'ombra e rimani vicino a casa nel caso in cui il tuo cane si stanchi. Inoltre, se il marciapiede è troppo caldo per i tuoi piedi nudi, è troppo caldo anche per le zampe del tuo cane. In quelle giornate torride e senza nuvole, opta per un luogo erboso per fare esercizio.

Alcuni Border Collie amano nuotare. L'interesse per l'acqua non è universale in tutti i cani di questa razza; quindi, testa la propensione del tuo cane a tuffarsi in acqua in un punto poco profondo. Alcuni Border Collie sguazzeranno ai bordi di un lago, ma non sono interessati a remare in acque più profonde. Se il tuo cane ama nuotare, è un ottimo modo per bruciare energia. Anche se il tuo cane è un nuotatore esperto, procuragli un giubbotto di salvataggio: può salvare la vita al tuo cane se si trova in difficoltà in acque aperte.

Se hai un giardino, il riporto e il frisbee diventeranno attività fondamentali. Il tuo Border Collie potrebbe aver bisogno di un po' di lavoro quando si tratta di riportare la palla, ma inseguirà un giocattolo avanti e indietro per ore. Questi sono ottimi giochi da fare quando non hai molto tempo ma il tuo cane ha ancora bisogno di esercizio.

Se stai cercando un buon modo per dare al tuo cane l'esercizio che desidera permettendogli al contempo di mostrare le sue abilità, ci sono diverse competizioni in cui i Border Collie eccellono. L'Agility è uno sport in cui i cani completano un percorso a ostacoli cronometrato mentre competono contro altri cani. Devono seguire le istruzioni del proprietario, saltare, fare lo slalom, arrampicarsi e strisciare attraverso tunnel. L'atletico Border Collie è fantastico nelle corse di Agility, ed è un ottimo modo per abbinare l'esercizio all'addestramento formale.

Il Flyball è un'altra competizione che utilizza molta energia in un ambiente concentrato. Pensalo come una staffetta per cani: una squadra di

Foto di Winsome Marshall

quattro cani si alterna nel trasportare una pallina da tennis da una scatola all'altra mentre saltano piccole barriere. Queste squadre competono contro altre per completare la staffetta il più velocemente possibile. I Border Collie performano bene in queste competizioni perché sono veloci, estremamente concentrati e bravi a seguire le indicazioni. Tuttavia, queste competizioni richiedono che i cani siano in spazi ristretti, e l'ambiente diventa rumoroso ed eccitante. Se il tuo Border Collie è sensibile ai rumori o preferisce il suo spazio personale, potrebbe non essere adatto a lui. Che tu decida o meno di iscrivere il tuo cane a competizioni, ci sono corsi in cui gli istruttori lavorano con te per insegnare al tuo cane come partecipare alle attività. Il tuo Border Collie potrebbe non diventare un campione, ma è sempre bene insegnare nuove abilità e trascorrere del tempo con il tuo cane in un nuovo ambiente.

Importanza dell'esercizio mentale

"Più che desiderare il tuo tempo e la tua attenzione, sono geneticamente progettati per esigerli. I Border Collie lasciati soli troppo a lungo possono facilmente diventare nevrotici e distruttivi."

Dave Thomas

www.hollycreekbordercollies.com

I Border Collie richiedono anche molto esercizio mentale, oltre a quello fisico. Razze intelligenti come i Border Collie hanno bisogno di un po' di intrattenimento extra. Senza questa stimolazione mentale, un Border Collie può diventare irrequieto e distruttivo. Puoi portarli a fare diverse passeggiate al giorno, ma se non hanno l'opportunità di usare le loro brillanti menti, diventeranno infelici. Fortunatamente, la maggior parte delle attività che fai con il tuo Border Collie può far lavorare sia il corpo che la mente. Attività come l'Agility, il riporto e l'addestramento all'obbedienza possono farli muovere e pensare allo stesso tempo.

Il tiro alla fune è un gioco sottovalutato, quando si tratta di bruciare energia. Alcuni proprietari pensano che questo gioco renda il loro cane aggressivo, ma finché giocate secondo le tue regole, sei tu ad avere il controllo. Invita il tuo cane a giocare tenendogli la corda. Una volta che l'afferra, tienila stretta. I Border Collie sono molto forti e determinati, si divertiranno un mondo cercando di superarti in astuzia per vincere la corda. Se la situazione diventa troppo vivace, termina il gioco e fai sapere al tuo cane che sei ancora tu il leader.

Nei negozi di animali sono disponibili giochi puzzle appositamente creati per cani come i Border Collie. Questi puzzle utilizzano il cibo per invogliare il tuo cane a "risolvere" gli enigmi fino a quando non rilasciano il loro premio. Alcuni giocattoli, come i Kong, possono essere riempiti con biscotti appositamente progettati che richiedono al tuo cane di spingere o far rimbalzare il gioco sul terreno per rilasciare il premio. Il tuo cane deve capire come rilasciare il premio per poter gustare la sua deliziosa merenda. Altri giocattoli possono essere riempiti con le crocchette del tuo cane e devono essere fatti rotolare sul pavimento per rilasciare un pezzo alla volta.

Ci sono anche puzzle che richiedono al tuo cane di far scorrere un blocco, tirare una leva o aprire un piccolo cassetto per trovare i premi. Questi puzzle sono disponibili in diversi livelli di difficoltà e talvolta possono essere personalizzati per un'esperienza diversa ogni volta. Basta riempire i compartimenti con premi e permettere al tuo cane di usare la sua intelligenza per capire come rilasciarli.

La cosa migliore di questi puzzle alimentari è che non richiedono la tua completa attenzione. Quando giochi al riporto, il tuo cane dipende da te per rincorrere la palla ancora e ancora. Con un puzzle, puoi prepararlo e lasciarlo al tuo cane. Per questo motivo, potresti voler preparare

Foto di
Claire Finch

un puzzle per il tuo cane quando esci per la giornata. Potrebbe volerci solo dieci minuti al tuo cane per finire di giocare con il puzzle, ma spenderà un po' di energia distraendolo anche dalla tua partenza. Anche i giocattoli da masticare, come gli ossi, possono tenere il tuo cane intrattenuto senza dover giocare.

Lavorare su nuovi comandi è un'altra fantastica attività da fare con il tuo cane. Cerca di lavorare sui tuoi comandi ogni giorno: che tu trascorra un'ora insegnando al tuo cane come rotolare o cinque-dieci minuti praticando "Seduto" e "Resta", fissa l'obiettivo di praticare le abilità di obbedienza ogni giorno.

Se hai difficoltà a ricordarti di lavorare sui comandi con il tuo cane, un corso di gruppo è un buon modo per motivare entrambi a lavorare sulle abilità del tuo cane. Per un'ora alla settimana, puoi circondare il tuo cane con altri cuccioli che imparano cose nuove. Quando devi esercitarti per un corso, è più facile concentrarsi sul praticare determinate abilità a casa. Come ulteriore vantaggio, quando fa troppo freddo per giocare all'aperto in inverno, un'ora di attività in un ambiente al chiuso può alleviare parte dell'energia repressa del tuo cane.

Durante il maltempo, può essere difficile essere il proprietario di un Border Collie. Mentre il tuo cane potrebbe amare saltellare nella neve

Foto di
Jo Hicks

e nelle temperature gelide, può stare fuori solo per un tempo limitato. Nascondino è un ottimo gioco da fare con il tuo Border Collie. Puoi nascondere oggetti che il tuo cane deve cercare, o puoi nasconderti tu e far sì che ti cerchi.

Inizia facendo sedere il tuo cane e ordinandogli di restare. Poi, nasconditi da qualche parte in casa. Quando sei nascosto, di' "Vieni a trovarmi!" e aspetta che il tuo cucciolo ti scopra. Cercherà in ogni stanza della casa per trovarti. Quando ti trova, dai al tuo cane un premio e tante lodi. Puoi anche tenere un giocattolo e lasciare che lo tiri un po', se ti trova con successo.

Una variante di questo gioco è far cercare al tuo cane un giocattolo specifico. Questo richiederà che tu insegni prima al tuo cane alcuni nomi. È un'ottima pratica per i Border Collie, perché sono capaci di imparare i nomi di centinaia di oggetti. Una volta che il tuo Border Collie ha padroneggiato alcuni nomi, nascondi i relativi giocattoli in diverse stanze della casa. Metti il cane in posizione seduta dicendogli "Resta" e di' "Trova scoiattolo". Quando prende il giocattolo e te lo riporta, dagli un premio. Questo gioco richiede che il tuo cane impari i nomi di diversi giocattoli, prenda il giocattolo e te lo riporti. Questo gioco può essere giocato più e più volte finché il tuo cane non perde interesse, ma se premi il tuo cane con deliziosi premi, giocherà per sempre.

Se vuoi lavorare sull'inclinazione del tuo cane a guardarti per ricevere istruzioni, c'è un semplice gioco che puoi fare. Fai sedere il tuo cane di fronte a te e tieni un premio per cani in ciascuna mano, vicino al suo muso. Apri una mano in modo che il tuo cane possa quasi prenderlo. Quando sta per prendere il premio, chiudi quella mano e apri l'altra. Poi, quando il tuo cane mette il naso in quella mano aperta, ripeti il processo. Quando il tuo cane si ferma e ti guarda negli occhi, ha capito il gioco. Dagli il premio e molte lodi. Continua a giocare a questo gioco finché non ti guarda e aspetta il premio, invece di cercare di afferrarlo da solo.

Questa è solo una piccola parte delle cose che puoi fare con il tuo Border Collie: con una razza così intelligente e attiva, le possibilità sono infinite. Mentre i cani tendono ad amare la routine, cambiare le attività che fai con il tuo cane può mantenere le cose fresche e interessanti. Anche ruotare la formazione di giocattoli che metti a disposizione del tuo cane può mantenerlo interessato. È facile frustrarti quando il tuo cane ti supplica costantemente di giocare con lui, ma una volta che avrai compreso il bisogno di stimolazione fisica e mentale del tuo cane, saprai come stancarlo abbastanza da poterti concedere un po' di pace e tranquillità—per un paio d'ore, almeno!

CAPITOLO 9
Addestrare il tuo Border Collie

Quando possiedi un Border Collie, l'addestramento è un requisito, non un'opzione. Con alcune razze, potresti forse cavartela insegnando pochi comandi di base e fermandoti lì. Un Border Collie desidera veramente imparare nuovi comandi, perché questo gli fa sentire di avere un compito. È straordinario osservare come l'atteggiamento di un Border Collie passi dall'essere giocoso quando corre nel giardino, a serio e concentrato nel momento in cui inizia la sua lezione di addestramento. I Border Collie hanno bisogno di avere un compito. Anche se non devi mandare il tuo cane nei pascoli a radunare le pecore, dovrebbe svolgere qualche tipo di attività che lo faccia sentire utile. Semplicemente lavorando sui comandi per un'ora al giorno, il tuo Border Collie si sentirà soddisfatto e orgoglioso.

Per fortuna, i Border Collie sono abbastanza facili da addestrare quando si trovano nelle giuste circostanze. Sono intelligenti e capaci di essere obbedienti, quindi impareranno rapidamente nuovi comandi e ti ascolteranno quando li richiami. Tuttavia, se le esigenze di esercizio fisico del tuo cane non sono soddisfatte, potresti avere più difficoltà nell'addestramento rispetto a quando il cane è stanco: se noti che il tuo cane non si concentra quando lavori con lui, prova a fare una corsa veloce e vedi se i risultati cambiano.

Stabilire le aspettative

"Dai il comando una volta sola, e poi fai in modo che lo esegua. Non ripetere il comando più e più volte finché non lo fa. L'errore più comune è non far fare al cane ciò che gli viene detto."

Vicki Hughes

www.possumhollowfarms.com

Probabilmente, hai visto video delle cose straordinarie che i Border Collie sanno fare. Ricorda, però, che non tutti i cani sono uguali: alcuni provengono da contesti che li rendono più facili da addestrare rispetto ad altri. Inoltre, i Border Collie che vedi in TV appartengono ad addestratori professionisti che lavorano con il loro cane tutto il giorno. Se hai

Foto di
Adele Sanderson

solo poche ore di tempo libero con il tuo cane al giorno, sarà molto più difficile avere un cane "genio". Se pensi di insegnare al tuo cane un nuovo trucco ogni sera con la speranza che li padroneggi tutti, rimarrai deluso. Non rinunciare all'addestramento perché pensi che le cose non stiano andando bene; continua a lavorare sulle basi finché il tuo cane non le avrà padroneggiate.

Quando lavori sui comandi di base, non essere troppo indulgente con il tuo cane. Per esempio, è una buona pratica far aspettare al tuo cane che tu esca dalla porta prima che esca lui. Ma quando il tuo cane vede un coniglio in giardino e vuole inseguirlo, ti prendi il tempo di far sedere e aspettare il tuo cane distratto o apri la porta e lo lasci lanciarsi fuori? La coerenza aiuterà il tuo cane a ricordare il suo compito. Se stai creando regole per il tuo cane, attieniti a esse.

Basi del condizionamento operante

L'addestramento dei cani si basa sulla teoria psicologica del condizionamento operante. I Border Collie sono super intelligenti, ma sono pur sempre cani che pensano in modo molto diverso dagli umani. Quando insegniamo concetti ai bambini, spesso diamo ragioni per cui abbiamo certe regole. Con i cani, non possiamo ragionare. Un cane non può chiederti "Perché?" quando gli dici di sedersi. Non possiamo spiegare al nostro cucciolo che inseguire le auto può essere molto pericoloso. Loro vedono solo un oggetto che sfreccia e pensano a quanto sarebbe divertente inseguirlo. Quindi, dobbiamo addestrare i nostri cani a un livello che possano comprendere.

Pensa al condizionamento operante come a un modo per rafforzare comportamenti che il tuo cane già ha, usando le ricompense. Per esempio, se il tuo Border Collie abbaia e non ti piace questo comportamento, puoi aspettare finché non sta in silenzio prima di dargli un premio. Si spera che il silenzio sia un comportamento che il tuo cane già possiede. Quando dai al tuo cane un premio dopo un momento di silenzio, gli stai dicendo che succede qualcosa di buono quando non abbaia. Se non rispondi ai suoi latrati, non vede alcuna ricompensa in quel comportamento. Dopo sufficiente pratica, starà zitto perché sa che è positivo, e potrebbe completamente dimenticare che i premi siano mai stati usati.

Quando abituato ai comandi, il tuo Border Collie sentirà un comando, ricorderà la posizione che deve assumere quando lo sente, e riceverà una ricompensa per la sua risposta corretta. All'inizio, sta solo facendo qualsiasi cosa possa per ottenere quel premio. Con sufficiente ripetizione, sentirà il tuo comando e si siederà istintivamente senza bisogno di un premio per farlo. Ci vuole molto tempo prima che un Border Collie possa padroneggiare un comando. Potresti vedere ottimi risultati dopo trenta minuti di pratica, ma poi provare lo stesso comando il giorno successivo e notare la sua esitazione nell'eseguirlo. Devi continuare a praticare e rinforzare quel buon comportamento per i migliori risultati.

Rinforzo primario

"I Border Collie rispondono meglio a metodi di addestramento gentili e positivi. Amano giocare; quindi, se ogni sessione di addestramento viene trasformata in un gioco positivo con molte lodi, imparano molto velocemente."

Dave Thomas
www.hollycreekbordercollies.com

Nel condizionamento operante, i rinforzi sono necessari per premiare il buon comportamento in modo che il tuo cane ripeta quel comportamento. I rinforzi primari sono cose che sono intrinsecamente buone per il tuo cane. Premi e giocattoli sono due forme di rinforzo primario che vengono frequentemente utilizzate nell'addestramento dei cani.

Se provi a dare al tuo cane un premio per un buon comportamento ma non sembra interessato, forse il tuo cane non è motivato dal cibo. Se il tuo cane non si interessa molto al cibo ma impazzisce per i giocattoli, il tuo cane è motivato dal gioco e dovrebbe essere premiato di conseguenza. Invece di dare al tuo cane un premio per rotolarsi, lascia che prenda la sua corda e gioca a tira e molla con lui.

Inoltre, assicurati che i premi che stai dando al tuo cane siano degni della sua attenzione. Se il tuo cane non è interessato a ciò che gli offri, prova un altro premio. I cani sono attratti da premi odorosi perché catturano la loro attenzione. Vorrai qualcosa di extra speciale per l'addestramento: prova diversi gusti di bocconcini morbidi per l'addestramento finché non ne trovi uno che faccia impazzire il tuo cane. Alcuni addestratori suggeriscono persino piccoli pezzi di wurstel, quando stai cercando di alzare la posta.

Rinforzo secondario

Il rinforzo secondario si riferisce a un rinforzo che è rappresentativo del rinforzo primario. Per gli umani, il denaro è un classico esempio di rinforzo secondario. I pezzi di carta hanno un significato assegnato che ci permette di scambiarli per cose che vogliamo. Poiché i cani non hanno bisogno di valuta cartacea, usiamo segnali verbali e l'addestramento con il clicker come rinforzo secondario.

Un clicker è uno strumento che emette un suono di clic quando premi il pulsante. Questo suono è destinato a essere un sostituto del premio. Per iniziare l'addestramento con il clicker, un proprietario fa clic mentre dà al suo cane un premio. Dopo un po', un cane capirà che un clic è positivo perché il premio che lo accompagna è desiderato. Alla fine, il tuo cane arriverà a conoscere quel suono di clic come un segno che sta facendo un buon lavoro senza il premio. I clicker sono preferiti da molti ad-

*Foto di
Jenny Hall*

destratori perché sono un modo preciso per premiare il tuo cane. È più facile fare clic per un buon comportamento che dare al tuo cane un premio, potenzialmente interrompendo il processo di addestramento. Inoltre, quando il tuo cane sta iniziando a lavorare sui comandi, potrebbe sedersi, solo per alzarsi subito dopo. Se stai usando premi, non puoi dare al tuo cane un premio dopo questo comportamento perché non ha mantenuto la posizione, ma con un clicker, puoi dargli un clic nel momento in cui il suo sedere tocca il pavimento, anche se si alza un secondo dopo.

Se non hai un clicker, puoi usare segnali verbali per far sapere al tuo cane che è sulla strada giusta. Molti addestratori usano la parola "Sì" per far sapere al loro cane che il loro comportamento è stato buono. Se il tuo cane obbedisce a un comando, dì "Sì" e dagli un premio. Alla fine, arriverai al punto in cui il marcatore verbale sarà una ricompensa sufficiente e un premio non sarà necessario ogni volta.

Punizione

Anche la punizione è una parte del condizionamento operante, ma non dovrebbe essere usata nell'addestramento dei cani. La punizione può essere crudele per un Border Collie entusiasta che sta solo cercando di compiacere il suo proprietario, e può portare a effetti negativi. Un esempio comune è sgridare un cane per aver fatto i bisogni in casa. Urlare e colpire il tuo cane perché ha fatto i bisogni in un luogo proibito potrebbe scoraggiarlo da quel comportamento, ma nel suo cervello, il cane collegherà la sua azione con la paura. Il problema è che il tuo cane potrebbe non correggere il suo comportamento nel modo in cui ti aspetti. Invece, imparerà che è spaventoso fare i bisogni intorno a te, quindi lo nasconderà. Potrebbe avere così paura di essere punito di nuovo da non fare nemmeno i bisogni fuori in tua presenza. La punizione da sola non è un buon modo per rinforzare il comportamento. Potresti vedere qualche cambiamento comportamentale, ma è difficile controllare come si manifesterà.

Questo non significa che il cattivo comportamento non possa essere corretto. È perfettamente normale richiamare l'attenzione sul cattivo comportamento del tuo cane e mostrargli ciò che preferiresti, ma nel momento in cui gli incuti paura, è difficile riguadagnare la sua fiducia. Ai Border Collie non piace essere maltrattati. Una mancanza di positività nell'addestramento del tuo cane può farlo reagire e diventare ancora più indisciplinato.

Corsi e addestratori

Tutti i proprietari di Border Collie dovrebbero iscrivere il loro cane ad almeno un corso di addestramento, perché vi sono molti benefici nei corsi di gruppo. Se hai un Border Collie cauto, i corsi sono un ottimo modo per portare il tuo cane in un nuovo posto con molti nuovi suoni e odori. Un corso permette anche al tuo cane di socializzare con altri cani e umani senza la pressione di dover giocare. Se puoi insegnare al tuo cane a essere calmo intorno agli estranei, allora hai una migliore possibilità di insegnargli a essere calmo nel mondo esterno.

Se non hai mai addestrato un cane prima, un corso probabilmente ti insegnerà più su come lavorare con il tuo cane, che insegnare al tuo cane nuove cose. Porta il tuo partner o i tuoi figli a un corso così da poter imparare come lavorare con il cane di famiglia. Un addestratore è una risorsa preziosa da avere: non solo puoi imparare nuove abilità, ma puoi chiedere a un esperto domande specifiche sul tuo cane. Può essere frustrante avere problemi comportamentali con il tuo Border Collie, ma un esperto può consigliarti suggerimenti e trucchi per risolvere i tuoi problemi.

A seconda di dove vivi, ci sono tanti corsi disponibili per i cani. I corsi di obbedienza sono ottimi per costruire una base di comandi di base per il tuo cane. Non solo il tuo cane imparerà i comandi, ma lavorerà sull'ascolto e l'osservazione delle tue indicazioni. Ci sono diversi livelli di corsi di obbedienza, quindi una volta che ne padroneggi uno, puoi passare al successivo.

Foto di Yvonna Wain

Il Cane Buon Cittadino è un corso popolare per i cani e ottimo per i Border Collie. Questo corso ti guida attraverso alcuni comportamenti che rendono un cane un piacere da avere in pubblico: lavorerai sul camminare con il tuo cane al guinzaglio allentato, sul mantenere il tuo cane concentrato quando ci sono molte distrazioni e su come mantenerlo calmo e rilassato intorno alle persone e ad altri cani. Alla fine del corso, molti club offrono un test che permetterà al tuo cane di diventare certificato come Cane Buon Cittadino.

Il lavoro olfattivo è un altro ottimo corso che può mantenere attiva la mente del tuo Border Collie. Pensa a questo sport come all'addestramento per la ricerca di droga per tutti i cani, ma senza le droghe! Usando oli essenziali, il tuo cane imparerà come trovare un odore specifico. Una volta che il tuo cane trova l'odore corretto, viene premiato: è come una divertente caccia al tesoro per il tuo cane, che raccoglie molte informazioni sul mondo attraverso l'olfatto. È anche un buon modo per bruciare un po' di energia mentale.

Se scopri che il tuo cane è bravo a imparare trucchi divertenti, considera un corso di Agility o Freestyle. Affina le abilità del tuo cane e iscrivilo a una gara quando è pronto a mostrare le sue capacità. Oppure, se scopri che gli istinti di pastorizia del tuo cane di città sono acuti, potresti riuscire a trovare un corso di pastorizia per cani che non lavorano nei pascoli.

In alcuni casi, potrebbe essere meglio assumere un addestratore privato che venga a casa tua. Una lezione privata è perfetta per i cani che hanno davvero difficoltà a stare intorno agli altri o hanno gravi problemi comportamentali che non possono essere affrontati in un ambiente di gruppo. Oppure, il tuo cane potrebbe essere così avanzato nelle sue abilità che potresti aver bisogno di un po' di aiuto personalizzato per preparare il tuo cane alle competizioni. Questi addestratori sono più costosi rispetto a un corso di gruppo, ma a seconda delle tue esigenze, può valere assolutamente la spesa.

Comportamento del proprietario

Il comportamento e l'atteggiamento del tuo cane non sono gli unici che contano qui! Il modo in cui il proprietario si comporta intorno all'animale fa un'enorme differenza su come va l'addestramento. Poiché i Border Collie possono cogliere segnali non verbali, il tuo linguaggio del corpo e il tono di voce significano tutto per questo cane. Se sei visibilmente frustrato e infastidito durante l'addestramento, il tuo cane lo sentirà. Se sei allegro e positivo, il tuo cane ti risponderà meglio. I Border Collie mirano a compiacere, e se sanno che ami ciò che stanno facendo, ci proveranno molto più duramente.

Addestrare un cane non è facile. I cani faranno i cani, si distrarranno con diversi odori e non vorranno prestarti attenzione. È facile frustrarsi quando il tuo cane ti disobbedisce. Se non sei completamente sereno, fai un passo indietro e rilassati. Una volta che sei pronto a riprendere l'addestramento con molta energia positiva, puoi fare di nuovo pratica con il tuo cane.

I Border Collie sono grandi lavoratori, ma hanno anche bisogno di tempo per giocare. Se hai lavorato sui comandi per un po', prenditi una breve pausa per giocare, poi torna alla tua pratica. Mantieni l'addestramento divertente e positivo.

Quando addestri il tuo Border Collie, ricorda di pensare come un cane. Imparano attraverso il condizionamento, quindi la ripetizione e la ricompensa sono fondamentali. La positività ti porterà molto più lontano delle tattiche di addestramento basate sulla paura. L'addestramento può richiedere molto tempo e occasionalmente essere frustrante, ma una pratica regolare può trasformare un cane annoiato che si comporta male in un cane educato che è un piacere avere intorno. Prova diversi tipi di addestramento per mantenere le cose fresche e divertenti per il tuo cane e ricorda di dare al tuo cane tutto l'amore e le lodi che merita.

CAPITOLO 10
Comandi di base

"Imparano velocemente, quindi non continuare a ripetere la stessa lezione. Una volta che hanno capito, passa all'esercizio successivo e ripassate di tanto in tanto i comandi già appresi."

Maggie Pogue
M Bar M Cattle Dogs

Ora che hai un Border Collie, vorrai iniziare l'addestramento il prima possibile. Una solida base è necessaria quando si tratta di addestrare il cane, perché molti trucchi e comandi sono semplicemente variazioni dei comandi di base: per esempio, non puoi insegnare a un cane come rotolare se non sa come sdraiarsi a comando. Con una pratica costante e frequente, il tuo Border Collie padroneggerà le basi in pochissimo tempo.

L'importanza dei comandi di base

I proprietari di cani tendono a considerare i comandi di base come divertenti trucchetti, ma sono molto più importanti. Un cane che conosce i comandi di base può essere controllato. Più il tuo cane è bravo ad ascoltare i tuoi comandi, più sarà facile da gestire. Come proprietari di cani, dobbiamo controllarli perché abbiamo una comprensione migliore del mondo che ci circonda rispetto a loro.

Per un Border Collie, il rumore di un bidone della spazzatura che cade può essere terrificante. Noi sappiamo che non c'è alcun pericolo, ma un Border Collie no. Il suo istinto potrebbe essere quello di scappare il più velocemente possibile nella direzione opposta al suono. Potrebbe inavvertitamente correre dritto nel traffico perché non capisce che un rumore spaventoso non è pericoloso, ma i veicoli in corsa lo sono. Tuttavia, se puoi chiamare il tuo cane e fargli mantenere una posizione, puoi salvargli la vita da un pericolo reale di cui non è consapevole. Un cane ben addestrato può rimanere fermo quando un'auto passa, può venire al tuo fianco quando è troppo lontano da te e può lasciare qualcosa che potrebbe farlo star male.

Dove esercitarsi

Il luogo dell'addestramento è importante, quando lavori con il tuo cane: se ti eserciti solo in cucina, non sorprenderti se il tuo cane esegue perfettamente i comandi in cucina ma non riesce a prestare attenzione all'esterno. Le distrazioni saranno diverse ovunque tu vada, quindi è bene variare quando si tratta del tuo tempo di addestramento.

Per iniziare, un posto al chiuso con poche distrazioni è l'ideale. Questo è il momento di insegnare al tuo cane nuovi comandi. Poi, una volta che il tuo cane ha padroneggiato i comandi in uno spazio, provali da qualche altra parte. Potresti persino scoprire che il tuo cane risponde in modo diverso a seconda di dove si trova all'interno di una stessa stanza!

Dopo che il tuo cane ha padroneggiato i comandi all'interno, spostati in un luogo familiare all'esterno. Un giardino è ottimo perché è familiare al tuo cane, ma è anche diverso e ci sono più distrazioni. Dopo di che, puoi esercitarti nel cortile anteriore o in un parco che visiti regolarmente. Non dimenticare di esercitarti nei comandi in presenza di altri cani: se il tuo cane si trova in una situazione difficile con un altro cane, vorrai che ti ascolti quando conta davvero. Le aree cani e i corsi di addestramento di gruppo sono ottimi posti per lavorare sulle abilità. Poi, quando il tuo cane è davvero bravo, vai in un posto completamente nuovo con molte distrazioni. Un centro commerciale all'aperto è un buon posto per esercitarsi perché ci sono molti suoni, odori e persone nuove. Mentre insegni al tuo cane nuovi comandi, mettilo alla prova quando vai in posti nuovi.

Foto di
Claire Finch

87

Puoi anche incorporare pause durante le tue passeggiate quotidiane per lavorare su "seduto" e "resta".

Altri consigli per l'addestramento

Considera il momento della giornata in cui lavori sui comandi con il tuo cane. Se usi bocconcini gustosi come ricompensa, potresti voler pensare di addestrare il tuo cane prima che mangi, specialmente se non è estremamente motivato dal cibo. Un cane affamato potrebbe essere più incline a lavorare sodo per il cibo, rispetto a uno che ha appena mangiato. Inoltre, un Border Collie stanco si comporta meglio di uno irrequieto; quindi, se noti che il tuo cane è troppo agitato per prestare attenzione, fai una corsa veloce o fallo scattare in giardino per qualche minuto prima di tornare all'addestramento.

Quando insegni i comandi, potresti anche provare a incorporare segnali con le mani che corrispondono al comando verbale. Per esempio, un pugno chiuso alzato può significare "Seduto" e una mano tesa può segnalare "Resta". In questo modo, puoi dare comandi silenziosi al tuo cane e mantenere la sua mente attiva mentre passi dal linguaggio verbale a quello dei segni.

Le ricompense sono buone, ma vorrai arrivare al punto in cui non devi dare un bocconcino dopo ogni comando eseguito con successo. Se dai al tuo cane un premio ogni volta, o si aspetterà un premio ogni volta che fa qualcosa che vuoi, oppure metterà su peso extra! Il tuo cane sarà comunque condizionato se gli dai un premio in modo casuale. Puoi dire

Foto di
Carol Hicks

"Sì" ogni volta che il tuo cane obbedisce: questo gli farà sapere che ciò che ha fatto era corretto.

I Border Collie amano l'addestramento, ma dopo troppo tempo perderanno interesse. Per mantenere l'addestramento divertente, fai pause dopo circa dieci minuti quando stai insegnando un nuovo comando. Alla fine di una sessione di addestramento, trova il tempo per giocare un po'.

Se ti ritrovi frustrato perché il tuo cane non ascolta, fai una pausa. Se ti accorgi di essere arrabbiato, il tuo cane assocerà l'addestramento a quei sentimenti negativi. È meglio aspettare fino a quando ti sei calmato, piuttosto che cercare di portare avanti una sessione di addestramento a cui nessuno dei due vuole partecipare. Ricorda, l'addestramento dovrebbe essere divertente e positivo: un Border Collie sarà ricettivo all'apprendimento di nuove abilità, se si sta divertendo.

I comandi di base

Sebbene non ci sia davvero limite a ciò che puoi insegnare al tuo Border Collie, ci sono alcuni comandi che tutti i Border Collie dovrebbero conoscere. Non solo questi comandi aiuteranno il tuo cane a comportarsi bene in casa, ma potrebbero anche potenzialmente salvargli la vita un giorno. Questi comandi sono anche la base per molti altri comandi che vorrai insegnare al tuo Border Collie in futuro.

Seduto

Questo è forse il primo comando che insegnerai al tuo cane. "Seduto" è utile per controllare il tuo Border Collie e mantenerlo fermo. Puoi esercitarti con questo comando mentre aspetti di attraversare la strada, quando qualcuno viene alla porta o mentre parli con le persone al parco.

Per insegnare questo comando, inizia con il cane in piedi di fronte a te, rivolto verso di te. Tieni un bocconcino davanti al suo naso, poi spostalo lentamente verso l'alto e indietro. Si siederà naturalmente per raggiungere il premio. Nel momento in cui il suo posteriore tocca il pavimento, dì "Sì! Bravo, seduto!" e dagli il bocconcino. Alla fine, il tuo cane capirà che il comando "Seduto" significa che deve sedersi fino a quando non riceve ulteriori istruzioni. Quando vuoi che il tuo cane si alzi, dì "Okay" e fallo alzare e venire verso di te. Ripeti questo movimento e collega il comando verbale all'azione finché non riesce a sentire il comando "Seduto" e fare ciò che vuoi.

Se hai difficoltà a far assumere al tuo cane questa posizione, prova a esercitare una leggera pressione sopra la base della coda per spostarlo delicatamente nella posizione seduta: non stai forzando il tuo Border Collie a sedersi, ma gli stai delicatamente ricordando cosa intendi con "Seduto". Inoltre, se il tuo cane non risponde, non ripetere il comando finché non ascolta. Dì "Seduto" una volta e se non risponde, muovi il bocconcino davanti al suo muso o esercita una leggera pressione sul suo posteriore finché non capisce.

A terra

Questo comando mette il tuo cane in posizione prona. Questo potrebbe essere un po' più difficile da insegnare a un Border Collie rispetto a "Seduto" perché il tuo cane potrebbe vedere questa come una posizione di sottomissione, ma è un buon comando da insegnare perché dice al tuo cane che hai bisogno che si rilassi un po'. Per esempio, potresti far sedere il tuo cane quando hai bisogno che stia fermo solo per un momento prima di rivolgergli di nuovo la tua attenzione. Potresti mettere il tuo cane in posizione "A terra" quando hai bisogno che stia fuori dai piedi per un periodo di tempo più lungo.

Per insegnare questa posizione, inizia con il cane in posizione seduta. Poi, prendi un bocconcino e tienilo davanti al naso del cane. Abbassa il premio a terra e, con un po' di fortuna, la testa del tuo cane dovrebbe seguirlo fino a quando il mento è vicino al pavimento. Puoi anche infilare le dita nel collare del tuo cane o applicare delicatamente tensione al guinzaglio in modo che la testa si abbassi verso il pavimento. Quando i gomiti toccano terra, dì: "Sì! Bravo, a terra!" e dagli il premio. Non usare forza eccessiva per posizionare il tuo cane a terra, perché potrebbe mettere a disagio un Border Collie sensibile o addirittura ferirlo.

Resta

Questo comando è necessario se hai un Border Collie attivo che vuole esplorare tutto. Se il tuo cane sa sedersi e restare, non dovrai preoccuparti che scappi se devi lasciare il guinzaglio per un momento; inoltre, è utile da conoscere se vuoi giocare a nascondino con il tuo cane. Inizia insegnando questo comando nella posizione seduta, poi passa alla posizione a terra.

Inizia con il cane seduto accanto a te, rivolto nella stessa direzione. Dì "Resta" e tieni la mano davanti al suo muso. Se non si muove dopo un breve momento, premialo. Una volta che ha padroneggiato questo passaggio, prova a camminare in cerchio attorno al tuo cane. Nel momento in cui si muove, rimettilo in posizione seduta e riprova. Non premiare il tuo cane se fa anche solo un minimo movimento, ma dai molte lodi e premi se riesce a rimanere fermo.

Quando il tuo cane ha capito l'idea, crea più distanza tra te e lui. Fagli mantenere la posizione, poi allontanati, poi torna. Oppure, fagli mantenere la posizione, poi chiamalo. Aggiungi più distanza e distrazioni per testare la capacità del tuo cane di ascoltare e fidarsi di te.

Guardami

Questo è un comando molto sottile che inculca buone abitudini nel tuo Border Collie. Questo cane ha una mente propria, quindi ha bisogno di frequenti promemoria che sei tu al comando e che deve guardarti per ricevere direzioni. Questa abilità è molto utile quando si tratta di fare passeggiate o evitare distrazioni, ma anche quando vuoi scattare la foto perfetta del tuo Border Collie!

Inizia facendo sedere il tuo cane di fronte a te. Dì "Guardami" e, con le mani vicino agli occhi, tieni un bocconcino in ciascuna mano. Quando lo sguardo del tuo cane incontra i bocconcini (o i tuoi occhi), dì "Sì!" e dagli un premio. Ripeti questo finché il tuo cane non ti guarda quando sente il comando, anche se non c'è un bocconcino davanti al tuo viso. Una volta che hai padroneggiato questo, esercitati quando il tuo cane è seduto e fermo con molte distrazioni. Aspetta che il tuo cucciolo segua uno scoiattolo con gli occhi e poi dì il comando. Se ti guarda, allora sai che l'ha padroneggiato!

Vieni

Il comando di richiamo può essere molto utile, quando appare un pericolo improvviso o semplicemente vuoi che il tuo cane rientri in casa alla fine della giornata. L'obiettivo finale è far sì che il tuo cane lasci qualsiasi cosa affascinante stia annusando e torni da te. Questo comando può anche cambiare completamente la direzione in cui si sta muovendo e reindirizzarlo verso di te. Per esempio, se il tuo cane inizia a inseguire un gatto randagio in strada, un cane con buone capacità di richiamo cambierà direzione all'istante e correrà di nuovo verso di te, quando sente "Vieni".

Prendi un bocconcino molto gustoso e dì con entusiasmo il nome del tuo cane. Se viene correndo da te per investigare, dì "Sì! Bravo, vieni!" e premialo. Oppure, se il tuo cane viene naturalmente da te, premialo allo stesso modo come se l'avessi chiamato. Aumenta la distanza e continua a chiamare il tuo cane e premiarlo con bocconcini gustosi. Col tempo, vorrai arrivare al punto in cui puoi toccare il collare del tuo cane senza che salti indietro e scappi via. Questo è per poterlo trattenere in caso di emergenza. Una volta che il tuo cane inizia a capire "Vieni", prova ad aggiungere un "seduto" e "resta" per impedirgli di scappare di nuovo a giocare.

A volte, i proprietari chiamano il loro cane perché è stato cattivo. Quando questo accade, la voce del proprietario è dura e arrabbiata: questo insegna al cane che se risponde a "Vieni", sarà punito. Per questo motivo, usa il comando "vieni" solo in situazioni positive, altrimenti il tuo cane potrebbe non obbedire quando conta davvero. Vuoi che il tuo cane pensi che venire da te sia la cosa migliore del mondo.

Lascia

Questa abilità potrebbe non essere sempre una delle prime cose che un proprietario insegna al suo nuovo cane, ma può salvargli la vita. I Border Collie sono naturalmente curiosi e occasionalmente dispettosi, quindi sono inclini a mettere la bocca su cose che trovano allettanti o interessanti. Molte volte, le cose che trovano possono farli star male o, in alcuni casi, il tuo cane un po' predatore riuscirà a catturare un povero coniglio e vorrai liberare il piccolo prima che sia troppo tardi. A volte, vale la pena insegnare questo comando in modo da poter giocare con successo a riporto e non passare metà del tempo a strappare la palla dalla bocca avida del tuo cane.

Foto di Sharon Jeffrey

Se giochi a prendere o riportare con il tuo Border Collie, questo è un modo perfetto per insegnare il comando. Lancia una palla e lascia che la prenda in bocca. Se lascia cadere la palla da solo, loda questo comportamento con "Bravo, lascia!" Se il tuo cane non è così disposto a rinunciare al suo giocattolo, tieni un bocconcino davanti al suo muso. Molto probabilmente lascerà cadere la palla in modo che ci sia spazio per un premio nella sua bocca; loda questo comportamento allo stesso modo. Alla fine, sarai in grado di dire al tuo cane di prendere un oggetto e rimetterlo giù.

Camminare

Poiché i Border Collie richiedono molto esercizio, fare passeggiate è una parte necessaria della vita. Dato che passerai tanto tempo a fare passeggiate, vorrai addestrare il tuo cane in un modo che renda il camminare piacevole e non un fastidio. Camminare bene al guinzaglio non è intuitivo per la maggior parte dei cani: preferirebbero correre avanti o rimanere indietro mentre annusano ed esplorano ogni nuovo odore. Ciò a cui miri è ciò che viene spesso definito "al piede": questo significa che il tuo cane cammina vicino a te con un guinzaglio allentato.

Cammina sempre con il tuo cane sul lato sinistro. Questa routine insegna al tuo cane che appartiene a un posto molto specifico e non dovrebbe vagare ovunque. Tieni l'estremità del guinzaglio nella mano destra e fai scorrere la mano sinistra a metà del guinzaglio per tenere il tuo cane vicino. In questo modo, se il tuo cane esce dalla posizione, la tensione sul guinzaglio lo correggerà. Per insegnare al tuo cane a stare vicino al tuo fianco sinistro, tieni un bocconcino nella mano destra, guidandolo in avanti con il premio. Se cammina con te, dagli un sacco di lodi e premi. Se il tuo cane ti guarda in cerca di direzione in qualsiasi momento, fai un gran caso di quanto stia facendo un ottimo lavoro. Vuoi che il tuo cane cammini con te, non che sia il tuo cane a dirigerti.

Ora, i Border Collie sono cani forti e potrebbero non preoccuparsi della tensione sul guinzaglio. Invece, andranno avanti con forza, anche al punto da farsi male alla gola. Un modo per avvisare il tuo cane che il suo comportamento non è accettabile è fermarti sul posto nel momento in cui inizia a tirare. Col tempo, potrebbe capire che può essere premiato con la passeggiata solo quando cammina con un guinzaglio allentato. Se non è abbastanza, fai un'improvvisa inversione di marcia ogni volta che tira: potrebbe volerci un po' prima di andare effettivamente da qualche parte, ma insegnerà al tuo Border Collie che sei tu a comandare durante la passeggiata. Alcuni proprietari passeranno a una pettorina per timore che il cane si faccia male, ma questo a volte permetterà a un cane di tirare più forte perché una pettorina non fa male. Idealmente, dovresti essere in grado di portare a passeggio il tuo Border Collie con un collare a fibbia.

Poiché è facile che cattive abitudini di camminata si manifestino nel tuo Border Collie, è importante essere severi quando si tratta di addestramento al guinzaglio. Non permettere al tuo cane di tirare solo per il bene dell'esercizio: potresti ritrovarti a girare in tondo per alcune passeggiate, ma è meglio che permettere al tuo cane di trascinarti per ogni passeggiata in futuro. Non andare mai a passeggio senza una tasca piena di bocconcini, perché ogni passeggiata è piena di opportunità di addestramento. Non rinunciare alle passeggiate perché il tuo Border Collie ha una mente propria; continua a lavorarci finché il tuo cane non cammina con un guinzaglio allentato e non ti dà problemi.

Una volta padroneggiati questi comandi di base, puoi continuare a costruire sulle conoscenze del tuo Border Collie. Questi comandi di base sono un buon punto di partenza perché possono salvare la vita del tuo cane. Ci sarà tempo dopo per insegnare trucchetti carini, quindi assicurati che il tuo cane abbia queste abilità prima di passare a nuovi comandi. Un Border Collie che può fare tutte queste cose senza che gli venga chiesto due volte sarà un piacere avere in casa e ti permetterà di dormire tranquillo la notte, sapendo che non si metterà nei guai mentre sei nei paraggi.

CAPITOLO 11
Comandi avanzati

Solo perché il tuo cane ha padroneggiato le basi, non significa che dovresti smettere di addestrarlo! Oltre a continuare a esercitarti con i comandi di base, è utile introdurre nuovi comandi per mantenere il tuo cane intrattenuto e obbediente. Non c'è limite a ciò che il tuo Border Collie è in grado di fare; quindi, se il tuo cane ha un talento per fare trucchi, considera la possibilità di partecipare a competizioni Freestyle dove tu e il tuo cane potrete mostrare il vostro duro lavoro.

Molti di questi comandi avanzati non sono altro che divertenti trucchetti da festa, ma il tuo cane non saprà la differenza. Per loro rispondere ai comandi è un lavoro e, con molta pratica, diventeranno più sicuri delle proprie capacità. Questo capitolo ti darà alcuni consigli e suggerimenti per insegnare al tuo cane alcuni comandi avanzati.

Rotola/Fai il morto

Se il tuo cane conosce il comando "A terra", sei già sulla buona strada per insegnargli a rotolare o a fare il morto. Quando il tuo cane è in posizione a terra, tieni un premio davanti al suo naso e ruota la mano in cerchio. La sua testa dovrebbe seguire la tua mano fino al punto in cui finisce sul fianco. Quando raggiunge la posizione "Morto", segnala il suo buon comportamento e usa il nome del comando. Puoi scegliere un nome di comando buffo come "Fai il morto!" o "Bang!"

Per il rotolamento completo, il tuo cane deve solo essere in grado di completare la rotazione. Attenzione, rotolare è un segno di sottomissione nei cani: non importa quante volte ti eserciti, alcuni cani resisteranno davvero a rotolare completamente. Una volta che imparato il movimento per ciascuna di queste variazioni dalla posizione a terra, prova a partire dalla posizione seduta per una sfida maggiore.

Seduto bello

"Seduto bello" è un trucchetto adorabile da fare con il tuo Border Collie. È anche conosciuto come "Per favore" perché il cane è seduto sulle zampe posteriori con le zampe anteriori che pendono davanti al petto. Questo comando richiede un po' di forza e di equilibrio per il tuo cane; quindi, se non riesce a stare seduto subito, continua a esercitarti.

Per far assumere al tuo cane questa posizione, fallo partire dalla posizione seduta. Tieni un premio davanti al suo naso, poi spostalo len-

Foto di
Jill Matthews

tamente indietro e sopra la sua testa. Questo dovrebbe fargli alzare lo sguardo. Alla fine, il premio sarà fuori portata e potrebbe provare ad alzare una o due zampe anteriori per prenderlo. Se muovi il premio troppo velocemente, potresti solo far saltare il tuo Border Collie sulle zampe posteriori. Muovi il premio lentamente e con calma, e con un po' di oscillazioni, il tuo cane assumerà la posizione giusta.

Dai la zampa

Questo è un trucco classico che i tuoi amici e familiari adoreranno fare con il tuo cane. Per iniziare, fai sedere il tuo cane di fronte a te. Tieni un premio nella tua mano, vicino alla zampa che vuoi che sollevi. Probabilmente, annuserà e spingerà la tua mano con il naso, ma non dargli il premio: quando non riesce a ottenerlo in quel modo, potrebbe usare la zampa per cercare di aprire la tua mano. Se prova a usare la zampa in qualsiasi modo, pronuncia il comando e dai al tuo Border Collie il premio. Continua così finché il tuo cane non risponde al comando alzando la zampa perché tu la possa afferrare. Se non risponde al premio nella tua mano, puoi provare a toccare il piede o la zampa finché non la solleva. Loda questo comportamento quando accade.

Metti in ordine

Questo è un trucco divertente se il tuo Border Collie già conosce "Prendi" e "Lascia", ed è davvero possibile insegnare al tuo cane a mettere in ordine i suoi giocattoli! Prima, scegli un giocattolo che sia facile da prendere per il tuo cane; un piccolo osso o una palla funzionano bene. Poi, trova un contenitore da usare come scatola dei giocattoli. Un contenitore di plastica piccolo e poco profondo o una scatola da scarpe è l'ideale.

Inizia questo trucco facendo prendere al tuo cane il giocattolo. Nel momento in cui lo fa, lascia cadere un premio nella scatola dei giocattoli. Una volta che ha ricevuto la ricompensa, rimetti a posto il giocattolo e fai ripetere il processo. Con abbastanza tentativi, il cane anticiperà la tua prossima mossa e regolerà la testa per prendere il premio nella scatola, lasciando cadere il giocattolo vicino al contenitore. Quando riesce a mettere il giocattolo nella scatola, mostra entusiasmo e loda molto il tuo cane: vuoi che sappia che ti piace quando mette il giocattolo nella scatola.

Equilibrio

Se hai un cucciolo motivato dal cibo, questo trucco è un modo fantastico per testare le sue capacità di obbedienza. Fai sedere il tuo cane in modo che sia fermo davanti a te. Poi, tieni delicatamente il suo muso in posizione orizzontale e posiziona un biscotto per cani sulla punta del naso. Fagli mantenere l'equilibrio con il premio finché non dici "Okay" e lo liberi dalla posizione. Prima di liberare il tuo cane, tieni le mani vicine in modo che non possa barare e prendere il biscotto prima di avere il tuo permesso. Questo è un buon trucco da provare quando stai lavorando sul comando "Resta" e hai bisogno di una nuova sfida.

Strisciare

Questo è un comando che il tuo Border Collie dovrebbe essere in grado di apprendere facilmente, poiché è naturale per un Border Collie voler avanzare lentamente con il corpo basso a terra. Fai assumere al tuo cane la posizione a terra e tieni un premio sul pavimento, appena fuori dalla sua portata. Il tuo cane inizierà a muoversi in avanti per prendere il premio. Se si alza, non dargli la ricompensa. Riprova finché il tuo cane non striscia in avanti per qualche passo prima di premiarlo. Una volta che ha preso il ritmo, aumenta la distanza.

Girare

Far girare il tuo cane per un premio può essere un esercizio divertente. Fai stare il tuo cane in piedi di fronte a te. Tieni un premio in mano e lascia che il tuo cane si avvicini. Quando il tuo cane sta per prendere il premio, porta il premio verso il tuo corpo, poi fuori e intorno in un cerchio. Il tuo cane seguirà la tua mano e girerà mentre fai un cerchio con il braccio. È meglio prendere un po' di slancio prima di iniziare il giro; prova a chiamare il tuo cane verso di te in modo che abbia abbastanza velocità per completare il giro.

Balla

Questo è un numero che piacerà sicuramente a tutti. Come hai fatto con il comando "Seduto bello", muovi un premio davanti al tuo cane seduto finché non si alza sulle zampe posteriori. Muovi il premio un po' più velocemente e tienilo più in alto per farlo alzare completamente da terra. All'inizio potrebbe essere difficile per il tuo cane mantenere l'equilibrio; quindi, se riesce a stare sulle zampe posteriori anche solo per pochi

Foto di
Carol Hicks

secondi, premialo. Una volta che riesce a stare in equilibrio sulle zampe posteriori, muovi il premio in cerchio come hai fatto per farlo girare. Il tuo cane ballerà e girerà mentre lo guidi sul pavimento. Puoi far girare il tuo cane in direzioni diverse quando diventa bravo.

Parla

Se il tuo Border Collie tende già a farsi sentire, potrebbe essere bello dargli un modo costruttivo per usare la sua voce. Molti addestratori di cani credono che insegnare a un cane a parlare possa impedirgli di abbaiare quando vuoi un po' di pace e tranquillità, ma se il tuo cane è tranquillo di natura, puoi semplicemente lasciar perdere questo comando e apprezzare il silenzio.

Prima di tutto, devi cogliere il tuo cane mentre abbaia. Prova ad aprire le tende della finestra, non dovrebbe volerci molto. Oppure, alcuni addestratori imitano l'abbaiare di un cane per far unire il proprio cane. Quando il tuo cane abbaia, dì "Sì!" e premialo. Poi, aggiungi il segnale, "Parla". Molte volte, puoi capire quando il tuo cane sta per abbaiare. Dai il segnale, poi premia il tuo cane quando abbaia al segnale. Dopo un po' di pratica, premia il tuo cane solo quando abbaia dopo aver ricevuto il comando. Con un po' di fortuna, il tuo cane imparerà che è incoraggiato ad abbaiare quando gli viene dato il comando e non abbaierà così frequentemente in altre occasioni.

Identifica i giocattoli

Questo è un buon trucco per un Border Collie perché questa razza è capace di imparare molti nomi. Quando il tuo cane è annoiato, questo è il modo perfetto per far lavorare la sua mente. Se il tuo cane conosce il comando "Prendi", allora dovrebbe essere in grado di identificare i giocattoli.

Prima, lascia che il tuo cane ti senta chiamare un giocattolo per nome. Siediti sul pavimento con il tuo cucciolo e gioca con un giocattolo. Dì cose come "Prendi Scoiattolo" o "Lascia Scoiattolo" finché non capisce che il nome del peluche è Scoiattolo.

Poi, metti il giocattolo accanto a pochi oggetti che non sono giocattoli. Dì al tuo cane "Prendi Scoiattolo" e lodalo e premialo se prende il giocattolo. Ripeti questo finché non lo ha imparato bene; poi, puoi sostituire gli oggetti non giocattoli con giocattoli e vedere se ottieni lo stesso risultato. Una volta che il tuo cane ha padroneggiato un nome, ripeti il processo con un giocattolo diverso. Alla fine, vorrai arrivare al punto in cui puoi allineare tutti i giocattoli del tuo cane e il tuo cane sceglierà quello che nomini.

Una variante di questo comando è nascondere i giocattoli del tuo cane in giro per casa. Metti il tuo cane in posizione seduta e resta fermo: poi, dì al tuo cane di trovare un giocattolo specifico. Se riesce a cercare in casa e portarti il giocattolo giusto, vince il gioco e ottiene dei premi. Se porta il giocattolo sbagliato, rimettilo in posizione seduta e riprova finché non lo fa correttamente. Puoi giocare a questo gioco di notte o nei giorni in cui il tempo è brutto, poiché dà al tuo cane la stimolazione fisica e mentale di cui ha bisogno senza uscire.

Vai a casa

Questo comando può essere molto utile se il tuo Border Collie è libero nel tuo giardino anteriore e vuoi che torni in casa o nel cortile sul retro. Può tenere al sicuro un cane che vaga o aiutarti a recuperare un cane ben educato senza guinzaglio quando è ora di rientrare. Questo comando è una variante di "Vieni", ma invece di chiamare il cane verso di te, lo indirizza verso il tuo cortile.

La fine di una passeggiata è un buon momento per esercitarsi con questo comando. È probabile che il tuo cane sia abituato a dirigersi verso la porta dopo una passeggiata, e probabilmente vorrà bere un po' d'acqua e riposare. Se il tuo cane cammina naturalmente davanti a te per andare in giardino, dagli il comando "Vai a casa" e premialo una volta che è tornato dietro il cancello. Quando si avvicina alla sua destinazione, lascia cadere il guinzaglio e lascia che cammini da solo per il resto del percorso. Col tempo, sarà in grado di abbandonare qualsiasi cosa stia facendo nel giardino anteriore e dirigersi verso il retro dove è al sicuro.

Ci sono molti altri comandi che puoi insegnare a un Border Collie, ma questo è un buon punto di partenza. Una volta che il tuo cane padroneggia un nuovo comando, passa al successivo per mantenere le cose interessanti, ma non dimenticare di continuare a esercitarti con i vecchi trucchi. Potresti anche creare una routine con le abilità che il tuo cane ha imparato. Infatti, i Border Collie partecipano spesso a competizioni di danza Freestyle perché apprendono questi trucchi così rapidamente!

Se il tuo Border Collie non impara subito un trucco, provane un altro. Alcuni Border Collie non amano rotolarsi ed esporre la pancia su comando, mentre altri potrebbero avere difficoltà a mantenere l'equilibrio sulle zampe posteriori. Non frustrarti se il tuo cane non è bravo con un comando, perché potrebbe essere fantastico con un altro. Allo stesso tempo, non arrenderti troppo presto. Mantieni l'addestramento divertente e positivo, ed esercitati con il tuo cane regolarmente: prima che tu te ne accorga, il tuo Border Collie sarà l'anima della festa e vorrà mostrare tutti i suoi fantastici trucchi!

CAPITOLO 12
Affrontare i comportamenti problematici

"L'errore più grande che puoi commettere durante i primi mesi è permettere al cucciolo di farla franca con comportamenti che non vorrai più avanti."

Maggie Pogue
M Bar M Cattle Dogs

I Border Collie sono cani fantastici, ma non sono sempre angioletti perfetti: prima o poi, si comporteranno in un modo che non ti piacerà. I Border Collie amano creare le proprie regole e giochi e possono sviluppare strane abitudini col tempo. Questo può essere particolarmente evidente in un cane adottato, perché potrebbe non provenire da una casa che gli ha fornito l'addestramento necessario in giovane età. Se certi comportamenti indesiderati continuano, il tuo cane svilupperà cattive abitudini difficili da eliminare; quindi, è importante cogliere questi comportamenti quando si manifestano e rispondere immediatamente ai problemi in questione.

Cosa si intende per comportamento scorretto?

Non esiste una lista precisa di cosa costituisca un comportamento scorretto in un Border Collie - può variare da famiglia a famiglia e da cane a cane. Per esempio, se vivi in campagna, potrebbe non importarti se il tuo cane abbaia molto perché nessun altro può sentirlo. D'altra parte, se vivi in un quartiere densamente popolato, non è educato avere un cane che abbaia a tutte le ore del giorno. Oppure, se non ti dispiace che il tuo cane si accoccoli accanto a te sul divano, potrebbe non essere un problema se salta sui mobili, ma un altro proprietario potrebbe volere che il suo cane rimanga sempre a terra. Con alcuni comportamenti, ciò che è considerato "scorretto" è una preferenza personale.

I Border Collie sono capaci di essere distruttivi, quando questo li diverte. Scavare e masticare sono pratiche comuni del Border Collie annoiato. È lecito affermare che la maggior parte dei proprietari non vuole che il proprio cane distrugga la loro proprietà. I comportamenti che causano danni alla tua proprietà o ai tuoi beni sono chiaramente indesiderati.

Forse, cosa ancora più importante, devi fare attenzione ai comportamenti scorretti che possono causare danni a te, al tuo cane o ad altri. Se il tuo cane diventa aggressivo verso i visitatori, non è sicuro far venire qualcuno a casa tua se non puoi fidarti del tuo Border Collie. Molti Border Collie cercano di inseguire le auto o scappare dai loro umani perché sembra divertente: questo può mettere la vita del tuo cane in grande pericolo e deve essere affrontato immediatamente.

Dopo aver vissuto con il tuo Border Collie per alcuni mesi, inizierai a notare se ci sono comportamenti che non favoriscono un rapporto felice tra te e il tuo cane. Si spera che tu possa individuare queste stranezze e affrontarle prima che peggiorino, ma come proprietario, devi decidere quali comportamenti saranno permessi e quali non saranno tollerati.

Perché il mio cane si comporta così?

Foto di
Deborah Morris

Per correggere i comportamenti indesiderati, devi cercare la radice del problema. Per i Border Collie, molti comportamenti scorretti derivano dal fatto che sono annoiati o hanno troppa energia. Se il tuo cane sta scavando buche in giardino, chiediti se sta ricevendo abbastanza esercizio e attenzione. Se trovi libri fatti a pezzi in casa quando torni dal lavoro, riconsidera la quantità di esercizio e stimolazione mentale che dai al tuo cane durante il giorno.

Alcuni comportamenti sono il risultato della paura, solitamente derivante da una scarsa socializzazione. Se il tuo Border Collie ringhia contro altri cani al parco, cerca di capire se c'è un modo per lavorare lentamente sulle sue capacità di socializzazione. Se ringhia agli estranei, forse ha avuto una brutta esperienza che lo ha reso diffidente verso le persone che non conosce e devi dedicare più tempo a risocializzare il tuo cane in un ambiente sicuro.

Altri comportamenti scorretti sono istintivi. I Border Collie sono noti per mordere le caviglie e inseguire le auto perché il loro cervello da pastore glielo dice. Queste abitudini sono difficili da eliminare perché sono cablate nel loro cervello, ma è comunque possibile riaddestrare il tuo cane attraverso il condizionamento positivo.

In breve, non puoi aspettarti che il tuo cane pensi nello stesso modo razionale di un essere umano adulto. La frustrazione spesso deriva da una mancanza di comprensione. Quando vedi dei problemi, chiediti perché il tuo cane potrebbe fare queste cose; cerca di pensare come un cane e vedi se riesci a trovare una soluzione al problema del tuo cane. Un Border Collie vuole compiacere, ma le sue paure e le sue strane idee possono talvolta offuscare questo desiderio.

Molte volte, i Border Collie vengono abbandonati dai precedenti proprietari perché questi non riuscivano a gestire i loro comportamenti indesiderati. Questi cani non sono necessariamente cattivi, ma piuttosto incompresi, o il proprietario non aveva le conoscenze o la pazienza per occuparsene. Un buon proprietario di cani si prenderà il tempo per lavorare con il proprio cane e amarlo nonostante le sue stranezze.

Prevenzione dei comportamenti scorretti

Per correggere il comportamento scorretto del tuo cane, devi essere presente per assistervi e gestirlo immediatamente. Come con l'addestramento alla pulizia, non puoi correggere il tuo cane dopo che l'evento è avvenuto: per esempio, non puoi tornare a casa alla fine della giornata e sgridare il tuo cane per aver scavato una buca in giardino. Anche se lo porti alla buca, non capirà di cosa stai parlando poiché la sua memoria non è in grado di collegare lo scavo alla tua rabbia. Tuttavia, se guardi fuori dalla finestra e vedi il tuo cane che scava come un matto, puoi richiamare l'attenzione sul comportamento e, si spera, fermarlo sul momento.

Oltre a notare il comportamento problematico del tuo cane, è anche saggio praticare il buon comportamento così frequentemente che il tuo cane non avrà la possibilità di imparare diversamente. Quando vai a passeggio, non permettere mai al tuo cane di correre avanti o tirare. Pratica sempre il comportamento corretto durante la passeggiata in modo che non trovi mai gratificazione nel fare ciò che vuole.

Ricorda di preparare il tuo cane al successo. Se il tuo cane si innervosisce e tira al guinzaglio tra la folla, pratica la passeggiata in aree più tranquille finché il tuo Border Collie non è pronto per luoghi con più confusione. Se il tuo cane non riesce a smettere di abbaiare mentre è in giardino, portalo dentro e chiudi le persiane finché non hai il tempo di uscire e giocare con lui. Se il tuo cane rosicchia le tue scarpe, tienile fuori dalla sua portata e fornisci giocattoli da masticare appropriati in aree accessibili. È frustrante quando il tuo cane si comporta male, ma non puoi aspettarti che agisca diversamente da un animale selvatico finché non gli viene insegnato come comportarsi correttamente.

Come correggere il tuo cane

Come accennato nel capitolo sul rinforzo, non è mai una buona idea punire il tuo cane: questo causerà solo più comportamenti negativi da parte sua, ma ciò non significa che non puoi correggerlo. Le correzioni possono essere fatte in un modo gentile che non creerà ferite durature alla psiche del tuo cane.

Prima di tutto, richiama l'attenzione sul comportamento scorretto del tuo cane. Hai bisogno di un segnale che faccia capire al tuo cane che non ti piace il suo comportamento. Alcuni battono le mani rumorosamente quando colgono un comportamento scorretto, mentre altri preferiscono scuotere una lattina piena di sassi. Qualunque cosa tu faccia, non stai cercando di spaventare il tuo cane, ma di attirare la sua attenzione. Quando hai ottenuto la sua attenzione, digli un severo "No". Inoltre, evita di fare qualsiasi cosa che potrebbe essere interpretata come una ricompensa: rincorrerlo per il giardino dopo che ha scavato nella tua aiuola di fiori è un gioco divertente per lui, e alla fine gli darà un motivo per scavare di nuovo.

Successivamente, loda il buon comportamento. Se il tuo cane sta abbaiando senza sosta, batti le mani per attirare la sua attenzione. Nel momento in cui smette e ti guarda, lodalo per essere stato zitto. Puoi dire "Bravo, non abbaiare!" e dargli un premio. Loda il tuo cane quando lo sorprendi a comportarsi bene: questo rinforza il suo comportamento corretto e lo rende più propenso a cercare una ricompensa per essere un bravo cane.

Correggere le cattive abitudini

I Border Collie sono più inclini a certi comportamenti scorretti a causa della loro razza, ma non tutti i Border Collie sono uguali: mentre uno potrebbe non avere alcun interesse ad abbaiare, un altro abbaierà proprio in faccia al suo proprietario. I seguenti esempi di comportamenti scorretti e possibili soluzioni non sono un elenco completo dei comportamenti scorretti che potresti vedere nel tuo cane, ma questi possono essere più comuni nei Border Collie che in altre razze.

Saltare

I Border Collie sono cani amichevoli, e questo potrebbe far sì che il tuo cane salti sulle persone quando vuole un po' di amore e attenzione. Mentre potrebbe non importarti se il tuo cane salta su di te, ad altre persone potrebbe dare fastidio. Un cane educato aspetta che l'umano lo noti e gli dia una carezza; un cane maleducato salta sulle persone, lasciando impronte di fango e segni di unghie sui loro vestiti.

Non premiare un cane che salta con delle attenzioni: piuttosto, girati rapidamente dandogli le spalle. Girati e resta immobile finché il tuo Border Collie non aspetta pazientemente la tua attenzione. Quando è seduto, premialo per non aver saltato. Se questo è un problema comune per il tuo cucciolo, puoi insegnargli il comando "Giù". Quando ha le zampe su di te, aspetta che scenda e dì "Giù" mentre gli dai un premio.

Se il tuo cane è persistente con i suoi salti, quando si trova in una situazione in cui vuole saltare, attacca il guinzaglio al collare. Quando vedi quello sguardo nei suoi occhi che dice che sta per lanciarsi, metti il piede sul guinzaglio: scoprirà che non ha dove andare e non gli piacerà la sensazione di essere trattenuto. Questa è considerata un'autocorrezione e potrebbe liberare il tuo cane dalla sua fastidiosa abitudine.

Scappare

Questo è un incubo per un proprietario di cani: in qualche modo, il tuo cane si libera e parte in uno scatto. Più velocemente lo segui, più velocemente il tuo cane corre, pensando di star giocando un divertente gioco con te. Solo tu sai quanto sia pericolosa questa situazione. Potresti provare a chiamare il tuo cane, ma non risponde perché la ricompensa di un inseguimento è migliore di qualsiasi premio tu stia offrendo. Quindi, cosa puoi fare per riavere il tuo cane?

Foto di Lynne Frater

Prima di tutto, se hai un cane vagabondo, pratica costantemente il comando "Vieni". Praticalo in luoghi diversi. Potresti anche voler acquistare un guinzaglio lungo, come uno di sei metri, per la pratica avanzata. Fai stare fermo il tuo cane mentre cammini fino alla fine del guinzaglio: poi, chiama il tuo cane verso di te. Se non viene, puoi sempre dare un rapido strattone al guinzaglio per ricordare al tuo cane cosa dovrebbe fare. Pratica questo finché non puoi fidarti del tuo cane al punto in cui può stare senza guinzaglio.

Purtroppo, gli incidenti possono accadere prima che il tuo cane abbia perfezionato il suo richiamo. Abbi un piano di riserva nel caso in cui il tuo cane non ascolti le tue chiamate per tornare indietro. Se al tuo cane piacciono i viaggi in auto, un buon modo per catturarlo è guidare lentamente accanto a lui e aprire la portiera perché ci salti dentro: il tuo cane potrebbe pensare che il viaggio sia più gratificante della corsa e saltare accanto a te.

Se sei a piedi, non cercare di correre a tutta velocità dietro al tuo cane. Il tuo Border Collie è probabilmente molto più veloce di te e scomparirà. Potresti avere più fortuna cambiando direzione e correndo verso casa. Il tuo cane potrebbe pensare che sia il suo momento di inseguirti, nel qual caso, puoi correre direttamente nel tuo cortile e chiudere il cancello. Altri trovano che se ti butti drammaticamente a terra e rimani immobile, il tuo cane curioso tornerà per vedere cosa sta succedendo. Se ne hai la possibilità, cerca di afferrare il collare del tuo cane e metterlo al sicuro.

Inseguire le auto

C'è qualcosa in un'auto in corsa che deve ricordare ai Border Collie il bestiame, perché questa razza comunemente insegue i veicoli. Non solo è irritante essere all'altro capo del guinzaglio quando un cane impazzisce, ma è decisamente pericoloso. Per liberare il tuo cane da questa inclinazione, devi insegnargli che c'è più ricompensa nel camminare bene che nell'inseguire le auto.

Il comando "Guardami" è utile, in questo caso: mentre stai camminando, potresti notare che il tuo cane assume la posizione accovacciata tipica del Border Collie quando arriva un'auto. Fai tutto il possibile per distogliere l'attenzione del tuo cane dall'auto e portarla su di te. Se il tuo cane è competente nel comando "Guardami", distoglierà lo sguardo dall'auto e lo porterà su di te. Se riesci a superare l'auto senza tirare il guinzaglio, dai al tuo cane prelibati premi e molte lodi. Se il tuo cane ha ancora problemi a guardarti quando un'auto è nelle vicinanze, prova a tenere un premio davanti al suo naso e a portarlo verso di te; questo potrebbe essere sufficiente per interrompere il suo sguardo fisso.

Problemi durante la passeggiata

Inseguire le auto è solo uno degli aspetti che potrebbero rendere le passeggiate un incubo. I Border Collie sono molto forti e possono facilmente trascinarti in avanti. Se non inseguono le auto, si lanciano verso scoiattoli e conigli. Oppure, il tuo cane potrebbe voler essere responsabile della passeggiata e farti strada alla velocità che desidera.

Come accennato prima, il modo migliore per evitare queste cattive abitudini è insegnare buoni comportamenti durante la passeggiata fin dal primo giorno, ma potresti scoprire che il tuo cane adottato non è stato addestrato correttamente dal suo ultimo proprietario ed è difficile da gestire durante le passeggiate. Questo può creare un'enorme frustrazione, se non sai come rimediare alla situazione. Potresti dover ricominciare da zero e riaddestrare le capacità di passeggiata del tuo cane. Inizia con la passeggiata al guinzaglio dentro casa o in giardino finché il tuo cane non è abituato a camminare vicino al tuo fianco. Poi, passa a un luogo familiare vicino a casa con poche distrazioni. Una volta che il tuo cane cammina meglio, puoi provare a tornare nei luoghi in cui camminavi prima. Scopri cosa scatena il comportamento scorretto del tuo cane e cerca di evitare quei fattori finché le abilità non sono consolidate, poi reintegralo lentamente nel mondo.

Ci sono tonnellate di collari e pettorine nei negozi per animali tra cui scegliere, ma il collare piatto con fibbia è il migliore. Le pettorine potreb-

Foto di Toni Harvey

bero alleviare un po' della pressione sulla gola di un cane che tira, ma potrebbero insegnargli che va bene tirare perché non fa male. Se scegli di camminare con una pettorina, scegline una con un attacco per il guinzaglio sulla parte anteriore. In questo modo, tirare farà sì che il cane si giri verso di te, rendendo inefficiente per lui tirare. Un attacco sul retro incoraggia solo il loro comportamento da cane da slitta.

I collari a strozzo non sono appropriati per questa razza. Se il tuo cane corre, può ferirsi seriamente il collo e la gola perché la catena può esercitare molta pressione contro queste aree. Alcuni addestratori giurano sui collari con le punte per scopi di addestramento, ma sono in qualche modo controversi. Il collare con le punte ha delle piccole punte metalliche che rendono scomodo per il tuo cane tirare troppo forte contro il guinzaglio. Mentre le punte non permettono che venga esercitata una pressione estrema sul collo e sulla gola, possono essere scomode per un cane che tira davvero forte. D'altra parte, questo tipo di autocorrezione può essere utile nei cani testardi, perché imparano ad associare il comportamento scorretto con il disagio; ma se usi questo metodo, devi anche usare il rinforzo positivo insieme ad esso. Dopo che il tuo cane si è corretto da solo, devi dargli lodi e premi. Questo collare dovrebbe essere usato solo in circostanze estreme in cui il tuo cane è un pericolo per se stesso o per gli altri a causa del suo tirare. Inoltre, dovrebbe essere usato solo per l'addestramento e solo per il tempo necessario. Idealmente, vuoi arrivare al punto in cui puoi tornare al collare piatto.

Se sei indeciso su quale pettorina o collare usare, parla con un addestratore o un veterinario: questi professionisti potrebbero essere in grado di fornirti consigli specificamente adattati alle esigenze del tuo cane.

Quando chiamare un professionista

Se hai seguito corsi di addestramento, devi aver conosciuto un addestratore di fiducia che puoi contattare con domande sul tuo cane. Anche un veterinario potrebbe essere utile nel dare consigli o riferimenti a uno specialista. A volte, anche condizioni non diagnosticate possono scatenare problemi comportamentali, quindi controlli regolari potrebbero aiutare a diagnosticare un problema. Quando si tratta di problemi con il tuo cane, vorrai occupartene il prima possibile.

Se hai provato tutto ciò che ti viene in mente e non vedi ancora progressi nel tuo cane, trova un professionista che possa aiutarti. Allo stesso modo, se questo problema sta generando così tanto stress che ti senti costantemente frustrato con il tuo cane, allora hai bisogno di aiuto immediatamente. Un problema comportamentale può mettere a dura prova un buon rapporto tra un cane e un proprietario, fino a portare il proprietario a perdere la speranza e consegnare il cane a un rifugio.

Se cerchi aiuto tempestivamente, hai maggiori possibilità di correggere il comportamento scorretto prima che sfugga di mano. Tra la tua conoscenza delle specifiche stranezze del tuo Border Collie e l'esperienza e la ricchezza di conoscenze di un addestratore, dovresti essere in grado di individuare rapidamente il problema e risolverlo. Di conseguenza, avrai un rapporto migliore con il tuo cane, se non c'è stress inutile tra voi.

I Border Collie sono molto divertenti da avere come animali domestici, ma richiedono una quantità incredibile di lavoro: non solo devi addestrarli a comportarsi correttamente, ma devi anche correggere i comportamenti che già hanno! Questo può essere molto frustrante, ma ricorda che ci sono molte risorse là fuori per te.

Prepara il tuo cane al successo. Se il tuo cane ha paura degli estranei, non puoi spingerlo in una folla e aspettarti che stia bene. Inizia lentamente e procedi gradualmente. Pensa come il tuo cane e non aspettarti mai che sappia qualcosa che non gli è stato insegnato. Puoi condizionare il tuo cane, ma non puoi ragionare con lui. Infine, ricorda che l'addestramento positivo è il migliore. Puoi correggere il tuo cane e mostrargli il modo corretto di comportarsi, ma la punizione può essere dannosa. L'energia positiva e l'entusiasmo vanno molto più lontano con un Border Collie.

CAPITOLO 13
Viaggiare con i Border Collie

U na volta che avrai il tuo Border Collie, vorrai portarlo ovunque e mostrarlo al mondo! Tuttavia, può essere difficile portare il tuo Border Collie dappertutto. Alcuni cani adorano fare viaggi in auto, mentre altri diventano nervosi. Inoltre, una volta arrivato a destinazione, dovrai preoccuparti di cosa fare con il tuo cane energico e curioso in un luogo non familiare. Come per qualsiasi cosa riguardi il tuo Border Collie, vorrai prepararti per rendere il viaggio il più agevole possibile.

Trasportini e sistemi di sicurezza

*Foto di
Lora Raycroft*

Se il tuo Border Collie è abituato al trasportino, i viaggi in auto diventano più semplici. Ti basterà sistemare il tuo cane nel trasportino con una coperta comoda e un giocattolo, fissare il trasportino in auto, e sarai pronto a partire. Un trasportino è un modo sicuro per trasportare il tuo cane perché non ti distrarrà mentre guidi e sarà protetto in caso di incidente. Se hai abituato con successo il tuo cane al trasportino, molto probabilmente si sentirà al sicuro al suo interno e sarà meno propenso a innervosirsi durante i viaggi lunghi.

Se scegli di non usare il trasportino per il tuo Border Collie, è necessario un sistema di sicurezza: nei negozi sono disponibili diverse varianti di cinture di sicurezza per cani; quindi, scegli semplicemente quella che funziona meglio per il tuo amico. Questi dispositivi spesso si agganciano alle cinture di sicurezza esistenti e tengono il tuo cane fermo. Quando usi sistemi che si agganciano a un collare o a una pettorina, scegli una pettorina che non soffochi il tuo cane in caso di incidente. La cosa più importante è impedire che venga sbalzato fuori dall'auto, ma è anche fondamentale ridurre al minimo qualsiasi altra lesione in caso di impatto.

Preparazione per i viaggi in auto

Con un po' di fortuna, il tuo cane sarà più che felice di saltare in macchina e fare un giro. Per alcuni cani, però, un viaggio in auto è un'esperienza strana e spaventosa. Inoltre, se il tuo cane ha fatto un viaggio verso un luogo che lo spaventa, come il veterinario, potrebbe associare il viaggio alla destinazione temuta. L'ideale sarebbe arrivare al punto in cui il tuo cane è calmo e felice in macchina; altrimenti, portarlo da qualche parte può diventare una situazione stressante. Per addestrare il tuo Border Collie a godersi i viaggi in auto, inizia lentamente, sii paziente e dai molti premi.

Per iniziare, lascia che il tuo cane annusi la tua auto. I Border Collie sono cani curiosi, quindi vorranno esaminare un nuovo oggetto prima che venga loro imposto. Apri la portiera e lascia che dia un'occhiata all'interno. Poi, prova a lanciare un premio sul sedile posteriore e vedi se lo segue. In caso contrario, potresti provare a sollevare il tuo cane per farlo entrare in auto, dandogli poi un premio una volta che sta fermo.

Una volta che il tuo cane si sente a suo agio con il concetto di automobile, è il momento di mettersi in movimento. Inizia con un breve giro intorno all'isolato. Se il tuo cane è calmo, dagli lodi e ricompense. Parla al tuo cane con toni dolci e rassicuranti. Man mano che il tuo cane si mostra più a suo agio, aumenta la distanza che percorri.

Se il tuo cane è estremamente nervoso e non c'è nulla che tu possa fare per calmarlo, parla con un veterinario. Non è consigliabile dare sedativi al tuo cane regolarmente, ma un farmaco per un raro viaggio in auto potrebbe aiutarlo. Allo stesso modo, se il tuo cane soffre di mal d'auto, chiedi al tuo veterinario se può fornirti medicine per alleviare la nausea del tuo cane.

Voli e soggiorni in hotel

Anche se potresti voler portare il tuo Border Collie ovunque tu vada, considera seriamente l'importanza della sua presenza quando è richiesto un viaggio in aereo. I Border Collie sono cani grandi e molte compagnie aeree non li ammettono in cabina: invece, viaggeranno nella stiva, il che può essere terrificante per un cane. I cani sensibili, come i Border Collie, si spaventeranno per i rumori forti, le persone estranee che spostano il loro trasportino e le sensazioni sconosciute. Possono verificarsi cambiamenti di temperatura e pressione dell'aria, entrambi potenzialmente dannosi per la salute del tuo cane.

Se ti sei mai preoccupato che la compagnia aerea perdesse il tuo bagaglio, immagina cosa succederebbe se il tuo cane si perdesse. Inoltre, è una triste realtà che alcuni cani soffrono di problemi di salute a causa del volo e non sopravvivono al viaggio. Anche in cabina, un volo può essere terrificante per un cane sensibile. Prima di volare con il tuo Border Collie, considera tutte le opzioni. Purtroppo, i viaggi aerei non sempre si adattano ai nostri amici pelosi; ma se non hai altra scelta che volare, assicurati che il tuo cane abbia cibo e acqua nel trasportino, che le tue informazioni di contatto siano sia sul cane che sul trasportino, e che tu abbia i contatti giusti della compagnia aerea in caso il tuo cane si perda.

Una volta arrivato a destinazione, probabilmente soggiornerai in un luogo non familiare. Alcuni cani apprezzeranno l'opportunità di annusare i nuovi odori, ma altri troveranno difficile rilassarsi. Prova a portare coperte e giocattoli familiari per tenere il tuo cane occupato e a suo agio. Se devi lasciare il tuo cane da solo in una camera d'albergo, cerca di rendere la tua assenza il più breve possibile: non vuoi che il tuo cane pensi che l'hai abbandonato in un posto estraneo, altrimenti tornerai a una camera d'albergo distrutta. Inoltre, se il tuo cane è abituato al trasportino, potresti tenerlo nel suo trasportino per brevi periodi mentre sei via, così si sentirà al sicuro. Quando torni, fai una lunga passeggiata o visita un'area cani per sfogare l'energia in eccesso; altrimenti, potresti ricevere lamentele per un cane irrequieto che semina il caos in una camera d'albergo.

Pensioni e dog sitter

Le pensioni e i dog sitter sono buone opzioni, quando vai fuori città per un po' e non vuoi stressare il tuo cane con un viaggio. Se conosci bene il tuo cane, probabilmente sai già quale sarà la soluzione migliore. Anche se i prezzi possono variare, tu sai cosa creerà meno stress nel tuo cane.

Le pensioni e gli hotel per cani sono generalmente luoghi sicuri dove i cani possono soggiornare mentre i proprietari sono via. Queste strutture offrono al tuo cane il proprio spazio individuale, permettendogli anche di socializzare con altri cani. Questa potrebbe essere la soluzione migliore se il tuo cane ama giocare con altri cani e non è infastidito dal rumore extra. Potrebbe non essere un'opzione se il tuo cane non è ben socializzato con altri cani e ha fobie legate ai rumori: l'abbaiare costante potrebbe spaventare il tuo amico a quattro zampe e, senza di te a proteggerlo, gli altri cani potrebbero intimidirlo troppo per i suoi gusti.

Se il tuo cane ama giocare con gli altri, questo può essere un buon modo per fargli ottenere l'esercizio e l'attenzione di cui ha bisogno. Il

*Foto di
Elizabeth Windle*

Foto di
Craig Groves

tuo cane sarà così impegnato a giocare con gli altri che dimenticherà che te ne sei andato.

Le pensioni per cani variano da luogo a luogo, quindi è necessario assicurarsi di averne trovato una buona prima di mandarci il tuo cane per un periodo prolungato. Incontra un dipendente e fai un tour della struttura. L'edificio è pulito? C'è abbastanza spazio per il tuo cane? I dipendenti sono attenti e amichevoli? Una buona pensione sarà felice di rispondere a qualsiasi domanda tu abbia.

Un altro vantaggio di portare il tuo cane in una pensione è che c'è sempre qualcuno a tenerlo d'occhio: non devi preoccuparti che il tuo cane si annoi, distrugga le tue cose o pianga per uscire a fare i bisogni, così come non devi preoccuparti che il tuo cane sia fuori con il maltempo o bloccato dentro tutto il giorno. E, se hai trovato una pensione davvero ottima, saprai che il tuo cane si sta divertendo e riceve tutte le attenzioni di cui ha bisogno.

Prima di lasciare il tuo cane, chiedi se puoi portarlo a dare un'occhiata al posto. Con te al suo fianco, si sentirà al sicuro mentre si abitua a tutti i nuovi suoni e odori. In questo modo, non andrà nel panico quando lo lascerai all'inizio di un lungo soggiorno.

Tuttavia, le pensioni non sono la soluzione migliore per tutti i cani. I cani che non vanno d'accordo con gli altri e i cani con molte paure potrebbero non trovarsi bene in una pensione. Se questo descrive il tuo Border Collie, vorrai trovare un dog sitter per la durata del tuo viaggio. Un dog sitter è una persona che assumi per passare alcune volte al giorno a controllare il tuo cane. Questo compito spesso ricade su un vicino, un parente o un amico, ma ci sono anche dog sitter professionisti che si guadagnano da vivere guardando gli animali domestici altrui.

La cosa più importante di cui hai bisogno in un dog sitter è qualcuno che abbia esperienza con i Border Collie. Come probabilmente hai scoperto, i Border Collie sono cani unici con esigenze speciali. Possono passare dal rilassarsi a correre come matti in giardino in un istante; una visita veloce per far uscire il tuo cane alcune volte al giorno non sarà un'interazione sufficiente per lui.

Se il tuo cane ha bisogno di attenzioni, puoi provare a organizzarti in modo che il tuo cane rimanga con il dog sitter: in questo modo, è più probabile che riceva le coccole di cui ha bisogno per essere felice. Tuttavia, se il tuo cane diventa nervoso in luoghi nuovi, potresti volere che il dog sitter venga dal tuo cane. In questo caso, potresti voler assumere un dog walker in aggiunta alla persona che controlla il tuo cane.

*Foto di
Adele Sanderson*

Quando decidi cosa fare con il tuo Border Collie mentre sei via, tieni a mente la personalità del tuo cane. Una volta presa la decisione, lascia che il tuo cane visiti il luogo in cui soggiornerà e le persone con cui interagirà. Fallo prima di partire, così non sorprenderai il tuo cane intelligente.

Consigli per viaggiare con i Border Collie

Se decidi di portare il tuo Border Collie con te nei tuoi viaggi, ci sono alcune cose che possono rendere i tuoi spostamenti più facili, che tu stia attraversando il Paese o semplicemente andando dall'altra parte della città.

Quando guidi per lunghe distanze, fermati frequentemente per dare al tuo cane il tempo di sgranchirsi le zampe. Le aree di sosta possono funzionare per alcuni cani, ma tieni presente che se il tuo Border Collie è

Foto di
Phil Leicht

un inseguitore di auto, la vista di auto che sfrecciano lungo l'autostrada potrebbe essere una distrazione. Se ne hai la possibilità, prova a fermarti in una città con un'area cani lungo il percorso per far fare esercizio al tuo cane. In questo modo, è più probabile che il tuo cane dorma per il resto del viaggio e abbia meno energia ansiosa.

Se fai una lista di controllo per il tuo bagaglio, fanne una anche per il tuo cane per assicurarti di non dover tornare indietro per qualcosa che hai dimenticato. È utile avere una borsa o un cestino dedicato agli elementi essenziali di viaggio del tuo Border Collie: ciotole, cibo, snack, collari, guinzagli e un assortimento di giocattoli sono tutti elementi necessari per un breve viaggio. Potresti anche voler tenere una scorta d'acqua in auto, nel caso in cui non ci sia un posto dove riempire una ciotola lungo il percorso.

Mentre il tuo cane dovrebbe avere una forma di identificazione sul corpo in ogni momento, è particolarmente cruciale quando sei lontano da casa. Non è sempre logico, ma quando i cani hanno paura, spesso corrono il più lontano possibile. Non ci vuole molto perché un Border Collie sensibile si spaventi o si impegni in un inseguimento. Se il tuo cane si perdesse, potrebbe essere l'unica cosa che ti aiuterà a ritrovarvi.

Infine, ricorda di far fare al tuo cane un po' più di esercizio del solito mentre viaggi, se possibile. Un cane stanco sarà molto più facile da gestire rispetto a un Border Collie energico o ansioso. Potresti dover fare alcune soste extra o arrangiamenti aggiuntivi per farlo, ma sarà estremamente utile per avere un Border Collie che si comporta al meglio.

Viaggiare con il tuo Border Collie non deve essere stressante: prepara il tuo cane per qualsiasi nuova esperienza, pianifica in anticipo e mantieni il tuo cane attivo per ottenere i migliori risultati. Potrebbe volerci del tempo prima che tu sia pronto a viaggiare con il tuo Border Collie (o a lasciarlo a casa), ma con un'attenta preparazione, tutti saranno a proprio agio quando arriverà il momento del tuo viaggio.

CAPITOLO 14
Alimentazione

"Divertiti con il tuo cane! I Border Collie sono una razza straordinaria e hanno tanto amore da offrire. Non tutti i cani sono perfetti e non saranno tutti uguali. Ama il cane che hai, non quello che avevi immaginato!"

Josie Casebere
https://borderlinekennels.wixsite.com/mysite

Proprio come per gli esseri umani, anche i cani hanno bisogno di una combinazione equilibrata di nutrienti per sentirsi in salute e avere molta energia. Tuttavia, i canini hanno esigenze specifiche che devono essere soddisfatte. Queste necessità nutrizionali possono variare da razza a razza, quindi non basta un cibo per cani qualsiasi. Una dieta sana può mantenere il tuo cane in forma adesso e costruire anche una base che gli permetterà di rimanere in buona salute anche in età avanzata. Questo capitolo tratterà ciò di cui il tuo Border Collie ha bisogno per nutrirsi e ciò che invece dovrebbe evitare.

I Border Collie sono più felici quando possono lavorare e giocare. Una dieta che non supporta il loro esercizio fisico li farà sentire fiacchi. Inoltre, se il tuo cane assume troppe calorie, porterà con sé un peso extra che può essere dannoso per il suo corpo. I Border Collie, poi, sono soggetti a determinati problemi di salute che possono essere prevenuti con i giusti nutrienti. In breve, la salute generale del tuo cane dipende da una buona alimentazione.

Di cosa hanno bisogno i Border Collie in un cibo per cani?

Spesso gli umani proiettano le proprie preoccupazioni alimentari sui loro cani, temendo ingredienti come carboidrati e grassi a causa delle tendenze dietetiche umane. Se ti ritrovi a preoccuparti degli ingredienti sull'etichetta di un cibo per cani, ricorda che i cani sono una specie completamente diversa. Sebbene i nostri cani siano diversi dai loro antenati canini, questi mangiavano animali interi, compresi grassi e organi. Limi-

Foto di
Elizabeth Windle

tare determinati nutrienti eliminando certi alimenti può portare a carenze nutrizionali nel tuo cane. In caso di dubbi, parla con il tuo veterinario.

I tre principali gruppi di nutrienti che troverai in un cibo per cani sono carboidrati, proteine e grassi. In generale, le razze piccole hanno bisogno di un alimento più ricco di proteine, mentre i cani più grandi necessitano di più carboidrati. A seconda di quanto è attivo il tuo Border Collie, un po' di proteine e grassi in più possono essere vantaggiosi quando si tratta di energia duratura e ricostruzione muscolare. Un cibo per cani che contiene circa il 25-30% di proteine dovrebbe andare benissimo per il tuo Border Collie.

Per quanto riguarda le proteine, spesso le fonti miste sono le migliori: carni diverse hanno nutrienti diversi, e quando le combini, fornisci una gamma più ampia delle sostanze benefiche di cui il tuo cane ha bisogno per essere sano. Il pollo è probabilmente la carne più comune nei cibi per cani, ma le carni rosse contengono ferro, che favorisce la salute delle cellule del sangue. Anche il pesce è ottimo per i cani perché contiene grassi buoni che manterranno il pelo del tuo cane lucido e liscio. Come ulteriore vantaggio, i cibi per cani con pesce sono spesso fortemente odorosi, rendendoli assolutamente irresistibili per un cane!

Per quanto riguarda i carboidrati, non sono tutti uguali. I carboidrati semplici daranno al tuo cane molta energia tutta in una volta, ma lo lasceranno stanco e fiacco più tardi. I carboidrati complessi forniscono al tuo cane energia duratura e possono aiutarlo a sentirsi sazio più a lungo, ma la fibra aggiunta è più difficile da digerire per alcuni cani. Cerca cibi per cani con una combinazione di entrambi i tipi di carboidrati. Ad esempio, riso, farina d'avena e orzo possono essere abbastanza facili da digerire, ma forniscono anche un mix di energia a rilascio rapido e lento.

Alcuni cani hanno difficoltà a digerire determinati alimenti o hanno allergie. Per questo motivo, molti cibi per cani vantano il fatto di non contenere mais, grano o soia, tre ingredienti che si dice causino problemi di stomaco nei cani. Sebbene questo possa essere vero per alcuni cani, non è certamente una caratteristica universale. Se noti che il tuo cane ha disturbi di stomaco, gas eccessivo o diarrea, questo potrebbe essere un segno che il cibo del tuo cane non si adatta al suo sistema digestivo, e talvolta questi cereali potrebbero esserne la causa. Fortunatamente, esistono tantissimi cibi per cani che utilizzano formule "grain-free", se questo è necessario per il tuo amico a quattro zampe.

I grassi sono una parte importante della dieta di un cane, e non dovresti temere che causino un aumento di peso nel tuo cane. Grassi e oli contengono molta energia che può essere bruciata da un Border Collie attivo. Questi sono anche i nutrienti che mantengono il pelo del tuo cane

setoso e lucente e la sua pelle sana. Alcuni grassi possono essere migliori di altri per il tuo cane: gli acidi grassi omega si trovano nel pesce e in
diverse fonti vegetali e sono ottimi per la salute e il benessere generale del tuo cane. Sono eccellenti per la pelle e il pelo, ma supportano anche la salute del cervello, che è vitale per il tuo intelligente Border Collie.
Molti cibi per cani contengono pesce, olio di pesce, semi di lino o semi di
chia per questo motivo. E anche se può sembrare strano che ingredienti come il grasso di pollo siano elencati in alcuni cibi per cani, sono una
parte perfettamente normale della dieta di un cane. Mentre un eccesso
di grassi può essere dannoso per l'organismo, una certa quantità è necessaria per supportare le funzioni vitali del tuo cane.

Se dai al tuo cane un cibo commerciale per cani, probabilmente non devi preoccuparti che riceva tutti i nutrienti necessari, perché la maggior parte delle aziende include già tutti i nutrienti necessari. Le aziende di cibo per cani aggiungono diversi ingredienti che equivalgono sostanzialmente a una pillola multivitaminica giornaliera per il tuo cane: ad esempio, il tuo cane potrebbe non ricevere la vitamina C dalla frutta come farebbe un umano, ma questa viene invece aggiunta come acido ascorbico. A meno che il tuo cane non abbia carenze nutrizionali diagnosticate da un veterinario, un cibo commerciale per cani dovrebbe coprire le sue esigenze.

Alcuni cibi per cani contengono frutta e verdura reali che potrebbero essere ancora migliori del mix di vitamine e minerali che la maggior parte dei cibi per cani include. Frutta e verdura intere contengono nutrienti che aiutano il corpo ad assorbire vitamine e minerali essenziali e contengono anche antiossidanti, che promuovono la buona salute del tuo cane.

Foto di
William Post

I Border Collie occasionalmente soffrono di problemi articolari, quindi potrebbe essere una buona idea assicurarsi che il cibo del tuo cane includa nutrienti per supportare questo aspetto. La glucosamina è un composto che può aumentare la mobilità e diminuire il dolore nelle articolazioni di un cane anziano. Quando viene data a un cane sano in quantità moderate, può persino prevenire futuri problemi articolari. Poiché i Border Collie sono particolarmente attivi e traggono tanta gioia dal movimento costante, le loro articolazioni devono rimanere sane. La glucosamina viene spesso aggiunta nei cibi per cani di taglia grande come integratore, ma potresti anche vederla in ingredienti come la cartilagine di pollo. È un altro di quegli ingredienti che suona disgustoso, ma la cartilagine animale nella dieta può migliorare la salute articolare del tuo cane.

Come scelgo un cibo per cani?

Quando visiti il negozio di animali, troverai interi corridoi pieni di diversi tipi di cibo: può essere molto travolgente e confuso, se non sai esattamente cosa stai cercando. Questa sezione dovrebbe aiutarti a restringere la tua ricerca e a prendere una decisione informata su ciò che stai acquistando per nutrire il corpo del tuo Border Collie.

Prima di tutto, noterai che il cibo è disponibile sia in varietà umide che secche. Anche se il tuo cane potrebbe essere più attratto dal cibo umido perché l'umidità produce più aroma, il secco è migliore per la maggior parte dei cani. Se il tuo cane è così schizzinoso che non tocca il cibo secco o se problemi alla bocca gli impediscono di mangiare cibo croccante, il cibo umido sarà più indicato.

Il cibo secco è buono per i cani perché rimuove la placca dai denti mentre il cane mastica, mentre il cibo umido si attacca ai denti e può portare alla carie. Come ulteriore vantaggio, è più facile acquistare cibo secco in grandi quantità, il che aiuta con le spese mensili per gli animali domestici.

Successivamente, dovrai tenere conto della fase di vita del tuo cane. Le formule per cuccioli sono realizzate con un equilibrio speciale di nutrienti per mantenere il tuo cucciolo energico e per dargli ciò di cui ha bisogno per crescere in un adulto sano. Queste formule sono spesso realizzate in piccole crocchette per adattarsi alla piccola bocca del tuo cucciolo. Anche se potresti non notare effetti dannosi se dai al tuo cucciolo una formula per adulti, in alcuni cani possono verificarsi complicazioni. Ad esempio, le maggiori quantità di calcio nel cibo per adulti possono far crescere un cucciolo troppo rapidamente, portando a problemi scheletrici. Nel dubbio, opta per il cibo per cuccioli, a meno che il tuo veterinario non dica che il cibo per adulti va bene per il tuo Border Collie. In una casa con più cani, può essere difficile fornire più di un tipo di cibo ai tuoi animali, quindi verifica con il tuo veterinario prima di dare la stessa formula a tutti i tuoi cani.

Noterai anche che ci sono molti prezzi diversi per il cibo per cani. Alcuni sono abbastanza economici, mentre altri sembrano decisamente inaccessibili. La differenza di prezzo è tipicamente dovuta alla qualità degli ingredienti. I cibi per cani economici hanno molti cereali "riempitivi", come mais, grano e soia, che non vanno d'accordo con alcuni cani e potrebbero non fornire energia duratura. Questi alimenti contengono anche sottoprodotti animali, che alcuni proprietari non amano vedere nel cibo del loro cane. Sebbene queste carni siano solitamente gli scarti non adatti al consumo umano, non sono necessariamente terribili per il tuo cane.

I cibi per cani di fascia più alta vantano cereali integrali, carni intere, frutta e verdura. Dal punto di vista nutrizionale, questi alimenti potrebbero essere un po' più sani e appetitosi per il tuo cane. Tuttavia, un prezzo elevato non è accessibile per tutti i proprietari di cani, specialmente quando il tuo Border Collie in crescita divora diverse ciotole al giorno. Un cibo nella fascia media di prezzo dovrebbe essere abbastanza buono per la maggior parte dei cani. Questi alimenti contengono buoni ingredienti per mantenere il tuo cane sano senza svuotare il portafoglio. Se non sei sicuro di quale marca dare al tuo Border Collie, chiedi consigli al tuo allevatore o a un veterinario. Inoltre, non dimenticare di chiedere l'opinione al tuo cane. Alcuni cani sono particolari riguardo a certi sapori. Cerca di raccogliere campioni di cibo dai negozi di animali o dalle aziende di cibo per cani per trovare quello che piace di più al tuo cane.

Di quanto cibo ha bisogno il mio cane?

Il fabbisogno calorico del tuo cane può essere calcolato utilizzando il suo peso, l'età e il livello di attività. Poiché i Border Collie sono generalmente più attivi della maggior parte dei cani, scoprirai che hanno bisogno di un po' più di cibo per mantenere un peso sano. Anche l'età è importante da considerare: un cucciolo avrà bisogno di più cibo in relazione al suo peso perché ci vogliono molte calorie per crescere e diventare un cane adulto; allo stesso modo, un cane anziano non avrà bisogno di tante calorie quanto un giovane adulto.

Il modo migliore per capire quanto cibo dare al tuo cane è usare il suo peso. Ogni cibo per cani ha un diverso conteggio calorico, quindi ogni confezione contiene una tabella per abbinare il peso del tuo cane con la quantità di cibo che dovrebbe mangiare ogni giorno. Dopo un po', sarai in grado di notare se il tuo cane sta mantenendo il suo peso sano, oppure se sta aumentando o diminuendo. Da lì, aggiungi o sottrai la quantità di cibo che gli stai dando quotidianamente per aiutare il suo peso a rimanere in linea.

Cibo per umani

Può essere una forte tentazione dare al tuo adorabile Border Collie avanzi della tavola, specialmente quando ti guarda con i suoi occhioni e guaisce, ma dovresti essere cauto su come procedere. Alcuni cibi per umani possono causare gravi problemi di salute nei cani. Ad esempio, potresti sapere che le cipolle possono essere letali per i cani, ma potresti dimenticare di aver cucinato qualcosa usando le cipolle per insaporire e inavvertitamente darlo al tuo cane. Oppure, potresti dare al tuo cane i ritagli di grasso dal tuo piatto ogni volta che mangi una bistecca, ma non tenendo conto del grasso che sta già assumendo nella sua dieta, gliene potresti dare più di quanto il suo sistema possa gestire.

Dare o meno al tuo cucciolo cibo per umani è una di quelle regole domestiche che devi decidere nei primi giorni con il tuo nuovo Border Collie. Anche se dai al tuo cane cibi sani, farlo nel modo sbagliato può portare a cattivi comportamenti di elemosina che ti faranno impazzire. Potresti pentirti di aver dato di nascosto al tuo cane un morso del tuo panino sotto il tavolo, quando il tuo Border Collie guaisce e ti graffia ogni volta che cerchi di mangiare! Per molti proprietari, è più facile semplicemente vietare tutto il cibo per umani dalla dieta del cane.

Tuttavia, ci sono alcuni casi in cui potresti voler incorporare alcuni dei tuoi cibi nella dieta del tuo cane. Alcuni proprietari di cani non amano i cibi commerciali per cani e optano per prepararne di propri. Con la guida di un veterinario, questo è un modo perfettamente accettabile per nutrire il tuo cane: ci vorrà molto più tempo e denaro, ma puoi preparare il tuo cibo per cani a casa e così sapere esattamente cosa contiene.

Puoi anche usare il cibo per umani come premio durante l'addestramento. La varietà è importante, quando si tratta di premi per l'addestramento: se il tuo cane si annoia degli stessi vecchi premi acquistati in negozio, potrebbe essere meno incline a eseguire i comandi; ma se introduci un premio gustoso e sano, come mirtilli o patate dolci al vapore, il tuo cane potrebbe essere più motivato a lavorare. Il tuo cane potrebbe apprezzare frutta e verdura, ma assicurati che siano adatte al tuo cane prima di servirle. Cipolle, uva e avocado sono alcuni prodotti che possono far stare molto male il tuo cane, mentre bacche, verdure a foglia verde e carote o patate dolci al vapore sono a basso contenuto calorico, piene di nutrienti e si trovano già in molti cibi per cani.

Se dai da mangiare al tuo cane il tuo cibo, assicurati di farlo in modo che non associ i tuoi pasti con la sua ricompensa. Metti il cibo nella sua ciotola molto prima o dopo di sederti a mangiare. Non dare mai cibo direttamente dalla tavola. Inoltre, fai attenzione a cosa stai dando da mangiare al tuo cane e quanto gli stai dando: un piccolo assaggio di un cibo sano può essere un bel modo per premiare il tuo cane, ma troppo di una cosa cattiva può far stare molto male il tuo cane. Nel dubbio, attieniti alle crocchette e ai premi per cani.

Nutrire il tuo cane può sembrare complicato quando ci sono così tanti cibi tra cui scegliere, ma una volta che ne trovi uno buono, probabilmente non dovrai più preoccupartene. Cerca cibi per cani che contengano una varietà di buoni ingredienti e un'ampia gamma di nutrienti. Dai da mangiare al tuo cane la quantità suggerita e fai aggiustamenti secondo necessità in modo che il tuo cane non diventi malnutrito o sovrappeso. E quando si tratta di dare al tuo cane cibo per umani, fai attenzione: i Border Collie hanno un carattere forte, e se gli dai un assaggio di qualcosa di speciale, continueranno a chiederne ancora!

CAPITOLO 15
La toelettatura del tuo Border Collie

"Cambiano il pelo circa due volte all'anno e in quel periodo avviene una notevole perdita di pelo. Fare il bagno settimanalmente o ogni due settimane riduce la quantità di peli sparsi per casa."

Maggie Pogue
M Bar M Cattle Dogs

Border Collie sono cani bellissimi e vorrai che il tuo abbia sempre un bell'aspetto. Per fortuna, i Border Collie sono una razza che richiede poca manutenzione quando si parla di toelettatura: né il tipo a pelo liscio né quello a pelo ruvido avranno bisogno di visite regolari dal toelettatore per il taglio, il che ti farà risparmiare un bel po' di soldi nel lungo periodo! Tuttavia, questo non significa che il tuo Border Collie non richieda un po' di lavoro per apparire al meglio, ma puoi farlo a casa con alcuni strumenti specifici.

Il mantello

I Border Collie si presentano in due varietà: a pelo corto e liscio e a pelo lungo e ruvido. Per quanto riguarda la facilità di toelettatura, il tipo a pelo liscio è semplicissimo da curare: il suo pelo corto non si aggroviglia facilmente; quindi, con qualche spazzolata per rimuovere il sottopelo che cade, il tuo cane sarà in buone condizioni. Se questo cane si sporca, la pulizia può richiedere solo una rapida passata con un panno. Questo è il motivo per cui molti Border Collie a pelo liscio lavorano nei campi: il loro mantello non si impiglia facilmente nei rami ed è semplice da curare.

Il Border Collie a pelo ruvido ha un pelo lungo e fluente. Se questo mantello non viene spazzolato frequentemente, si svilupperanno nodi e grovigli. Per questo tipo di pelo, potresti aver bisogno di diversi tipi di pettini e spazzole per evitare che il sottopelo si annodi o che il pelo esterno diventi opaco e aggrovigliato.

Per entrambi i tipi di Border Collie, una buona spazzola a spilli è un buon punto di partenza. Questa assomiglia a una normale spazzola per capelli umani. Molte di queste spazzole sono a doppia faccia, con un lato che ha spilli metallici per districare e l'altro lato dotato di setole naturali o artificiali per lisciare il mantello e ridistribuire gli oli per la lucentezza.

Con il tipo a pelo lungo, potresti scoprire che questa spazzola districa solo il pelo dello strato superiore. Soprattutto in estate, quando il tuo cane inizia a perdere il pelo invernale, una spazzola slicker potrebbe essere utile per rimuovere il pelo in eccesso: queste spazzole hanno spilli lunghi e stretti che arrivano in profondità fino al sottopelo per rimuovere il pelo in eccesso. Se il tuo cane ha sviluppato nodi, esistono pettini anti-nodo che possono assottigliare il pelo annodato senza strapparlo e turbare il tuo cane.

Se ti trovi in una situazione in cui i nodi e i grovigli del tuo cane sono fuori controllo, potresti dover usare le forbici sul nodo. Se hai un cane irrequieto, le forbici di sicurezza per bambini con le punte arrotondate possono essere la scelta migliore. Taglia con attenzione i peli che non possono essere districati; qualsiasi taglio eccessivo al mantello del tuo Border Collie lo farà sentire spoglio e apparire ridicolo.

L'ora del bagno

Il tuo curioso Border Collie prima o poi finirà per sguazzare nelle pozzanghere di fango o rotolarsi in cose disgustose: quando questo accade, dovrai fare il bagno al tuo cane. Sfortunatamente, non tutti i Border Collie amano l'acqua, quindi l'ora del bagno potrebbe rivelarsi difficile. Quando insegni al tuo cucciolo a tollerare il momento del bagno, usa

*Foto di
Lori Steele*

molte lodi e premietti per cercare di far associare al tuo cane il bagno con cose positive, invece che con le strane sensazioni e suoni associati al bagno. Poiché i Border Collie possono essere molto testardi e forti, può essere una sfida tenerne uno nella vasca se non vuole starci.

È utile se la tua vasca ha un attacco doccia rimovibile che può essere usato per spruzzare delicatamente il mantello del tuo cane. Una tazza d'acqua e una bacinella con pochi centimetri d'acqua possono fare lo stesso, ma essere in grado di spruzzare il tuo cane con il tubo della doccia può ridurre la durata del bagno. Se il tuo cane ha difficoltà a stare fermo, puoi provare a spalmare un cucchiaio o poco più di burro d'arachidi sul retro della parete della doccia (pulita). Questo gli darà qualcosa di gustoso da leccare mentre ti metti al lavoro, tenendolo distratto e calmo per qualche minuto.

Poiché i Border Collie possono talvolta essere suscettibili alle allergie cutanee, è una buona idea usare uno shampoo delicato. Una formula pensata per pelli secche o sensibili funziona bene per la maggior parte dei Border Collie. Dopo aver insaponato il tuo cane, assicurati di risciacquare molto bene: l'accumulo di sapone può causare pelle secca e pruriginosa e un mantello opaco. Inoltre, cerca di fare il bagno al tuo cane il meno possibile. Un bagno ogni paio di mesi non causerà troppi danni agli oli della pelle e del mantello, ma un bagno settimanale potrebbe seccare la pelle sensibile.

Inoltre, fai particolare attenzione a non far entrare acqua negli occhi o nelle orecchie del tuo cane. Invece di risciacquare il muso con ac-

Foto di
Jo Hicks

qua corrente, usa un panno per pulire delicatamente le zone sensibili. Se l'acqua rimane intrappolata nell'orecchio, l'umidità può creare un terreno fertile per le infezioni. Inoltre, per un cane intelligente come il Border Collie un'esperienza sgradevole potrebbe creare un'avversione al momento del bagno in generale.

Una volta che il tuo cane è fuori dalla vasca, asciugalo con un asciugamano e permettigli di scrollarsi un po' d'acqua da solo. Aspetta che il suo mantello sia asciutto prima di spazzolarlo, poiché il pelo lungo può aggrovigliarsi e spezzarsi quando è bagnato.

Tagliare le unghie

Molti cani non amano farsi tagliare le unghie, ma è comunque necessario. Non solo le unghie tagliate impediranno al tuo cane di graffiarti o graffiare i tuoi mobili, ma prevengono anche eventuali dolori in seguito. Quando le unghie lunghe affondano nel terreno duro, possono causare stress ai piedi. Con il tempo, camminare con le unghie lunghe può creare molto dolore e danni alle zampe. Portare il tuo cane a passeggiare sul cemento può naturalmente limare le unghie, ma quando senti il ticchettio su una superficie dura, è il momento di tagliarle. Questo può essere fatto da un toelettatore, ma è molto più economico farlo a casa da solo.

Ancora una volta, devi associare il taglio delle unghie a una ricompensa, altrimenti il tuo Border Collie farà fatica a stare fermo. Prima di tagliare un'unghia, abituati a tenere la zampa del tuo cane senza che la ritragga. Una volta che il tuo cane è a suo agio con qualcuno che tocca le sue zampe e unghie, puoi iniziare a tagliarle.

Inizia tagliando solo le punte. Se tagli troppo in una volta, rischi di tagliare la matrice ungueale, ovvero l'apporto di sangue all'unghia. Questo è molto doloroso e farà sanguinare molto il tuo cane; di conseguenza, il tuo Border Collie ricorderà questo dolore e non permetterà mai più a nessuno di tagliargli le unghie. Se il tuo cane ha unghie chiare, è facile vedere la matrice rosa nell'unghia. Se sei preoccupato di tagliare troppo, alcuni tagliaunghie per cani hanno una protezione di sicurezza che ti impedirà di tagliare troppo.

Quando hai finito, dai al tuo Border Collie un premietto per aver tollerato il taglio. Se scopri che il tuo cane ti combatte troppo quando inizi a tagliare le unghie, taglia le unghie di una zampa e concedi al tuo cane una pausa prima di farne un'altra. Potresti scoprire che devi lottare di meno quando impieghi quattro giorni per tagliare tutte le unghie, piuttosto che provando a tagliarle tutte in una volta.

Spazzolare i denti

Spazzolare i denti del tuo cane non è necessario solo per avere denti bianchi e un buon alito. Le malattie dei denti e delle gengive possono rendere estremamente doloroso mangiare per il tuo cane, soprattutto in età avanzata. Le malattie dei denti e delle gengive possono anche causare la diffusione di batteri in altre parti del corpo, compreso il cuore. Quindi, una regolare pulizia può potenzialmente prolungare la vita del tuo cane.

Avrai bisogno di uno spazzolino piccolo o di una spazzola con setole in gomma che possa scivolare sul dito. Mentre le setole regolari possono rimuovere più placca dai denti del tuo cane, le setole in gomma sono più morbide per le gengive sensibili che sanguinano. Poi, avrai bisogno di un dentifricio progettato per cani. Il dentifricio umano non funzionerà perché fa schiuma e contiene fluoro. In pratica, non puoi usare dentifricio che deve essere sputato. I negozi per animali offrono diverse varietà di dentifricio in vari gusti, come pollo, manzo e burro d'arachidi.

Prima di iniziare a spazzolare, fai pratica tirando indietro le gengive del tuo cane e toccando leggermente i suoi denti. Questa è una buona cosa da fare anche per preparare il tuo cane alla visita dal veterinario. Una volta che il tuo cane si sente a suo agio con qualcuno che fruga nella sua bocca, è il momento di spazzolare. Concentrati sui lati esterni dei denti posteriori, poiché tendono ad accumulare più placca. I lati dei denti che sono rivolti verso l'interno della bocca dovrebbero essere già abbastanza puliti, poiché queste superfici vengono frequentemente raschiate dal cibo secco per cani.

Oltre a spazzolare i denti del tuo cane regolarmente, dagli molti giocattoli da masticare e corde da rosicchiare. Gli ossi duri possono pulire i denti, mentre le corde funzionano come filo interdentale per rendere i denti del tuo cane lucenti.

Un motivo per cui è importante spazzolare i denti del tuo cane regolarmente è che previene un grave accumulo di placca e tartaro che può essere pulito solo da un veterinario. Queste pulizie profonde richiedono che il tuo cane venga sottoposto ad anestesia, che è costosa e può essere dura per alcuni cani. Ma con solo pochi minuti ogni pochi giorni, puoi ridurre seriamente la quantità di placca sui denti del tuo cane al punto da poter evitare del tutto le pulizie professionali.

Foto di
Carla Robertson

Pulire le orecchie

Le orecchie del tuo Border Collie dovrebbero essere pulite quando sembrano sporche o se il tuo cane si gratta o scuote molto la testa. Per fare questo, acquista una soluzione detergente per orecchie dal negozio di animali o dall'ambulatorio del tuo veterinario. Per sciogliere il cerume più in profondità nell'orecchio, spruzza un po' di soluzione nel canale auricolare e massaggia la base dell'orecchio. Il tuo cane scuoterà la testa, facendo uscire il cerume e la soluzione detergente in eccesso. Poi, prendi un dischetto di cotone o un panno, bagnalo con la soluzione detergente e pulisci delicatamente il padiglione auricolare esterno. Non inserire mai nulla di piccolo, come un cotton fioc, nel canale auricolare del tuo cane.

Se questa pulizia non diminuisce il prurito del tuo cane o l'orecchio sembra eccessivamente ceroso, sanguinante o infiammato, potrebbe essere un segno di un'infezione all'orecchio. Fai dare un'occhiata al tuo veterinario per assicurarti che il tuo cane non abbia bisogno di antibiotici o altri farmaci. Se trovi che il processo di pulizia delle orecchie del tuo cane sia al di fuori della tua zona di comfort, la maggior parte dei veterinari offre questo servizio a un prezzo basso.

Naturalmente, se trovi che queste cose siano troppo difficili, puoi sempre ricorrere all'aiuto di un professionista. Anche se potresti essere in grado di toelettare il tuo Border Collie a casa, non è sempre facile gestire un cane che si dimena, soprattutto da solo. Sia un toelettatore che un veterinario possono fornire molti di questi servizi a pagamento. Può essere frustrante cercare di tagliare le unghie del tuo cane quando continua a ritirare la zampa nel momento esatto in cui sei pronto a tagliare. I professionisti hanno molta esperienza e possono prendersi cura delle esigenze di toelettatura del tuo cane quando è troppo per te da gestire.

Un po' di toelettatura regolare può mantenere il tuo cane bellissimo e in salute. Semplicemente spazzolare il tuo cane mentre sei seduto sul divano a guardare la TV può essere un'esperienza piacevole che mostra al tuo cane che ti preoccupi per lui, assicurandoti allo stesso tempo che il suo mantello abbia un bell'aspetto. Inoltre, essere in grado di toccare la bocca e le zampe del tuo cane è una parte importante per far sì che il tuo cane si senta a suo agio con te e si fidi di te. I Border Collie sono cani bellissimi che vogliono apparire e sentirsi al meglio, e dedicando pochi minuti al giorno alla loro cura, li renderai molto più sicuri di sé.

CAPITOLO 16
Cura della salute

Non c'è nulla di più importante della buona salute del tuo Border Collie. Un Border Collie sano può vivere in media fino a dodici anni, e vorrai che ognuno di questi anni sia caratterizzato solo da felicità e divertimento per il tuo cane. La prevenzione e un approccio proattivo alla salute del tuo cane dovrebbero mantenerlo in buona salute fino alla vecchiaia.

Come abbiamo visto nei capitoli dedicati ai cuccioli, andare dal veterinario può essere spaventoso per un cane, ma se ti ricordi di abituare il tuo cane a rimanere calmo dal veterinario, avrai un'esperienza molto migliore. Quando prepari il tuo Border Collie per una visita veterinaria, esercitati a toccargli i denti, le orecchie, le zampe e a passare le mani su e giù per il suo corpo in modo che non si spaventi quando sarà un estraneo a farlo. Anche una buona socializzazione può aiutarlo in questo scenario.

Disturbi comuni degli animali domestici

Poiché i Border Collie sono curiosi e amano annusare in posti poco raccomandabili, potresti trovarti a dover affrontare problemi di parassiti. Con un'adeguata prevenzione, potresti essere in grado di evitare del tutto alcune di queste sgradevoli creature. Ma i cani sono cani, e se un parassita si attacca al tuo cucciolo, vorrai occupartene immediatamente.

Se noti che il tuo cane è particolarmente pruriginoso, soprattutto dopo essere stato all'aperto o con altri cani, le allergie potrebbero essere la causa. Tuttavia, di solito c'è un colpevole più insidioso. Le pulci sono piccoli insetti che si moltiplicano rapidamente e possono rendere il tuo cane (e te) assolutamente miserabile. Se il tuo cane ha le pulci, devi eliminare questi insetti in tutte le fasi della loro vita. Questo è più difficile di quanto sembri, perché le minuscole uova possono nascondersi nelle fessure del pavimento e schiudersi al momento giusto.

Per rimuovere le pulci dal tuo cane, dovrai fare diverse cose. Prima di tutto, usare uno shampoo antipulci ucciderà la maggior parte delle pulci e delle uova che vivono sul tuo cane. Poi, avrai bisogno di un pettine antipulci e di diverse ore per sederti e pettinare tutto il pelo, schiacciando qualsiasi pulce tu trovi. Se non riuscissi a rimuovere le pulci da

Foto di Jill Matthews

solo, potresti aver bisogno di un repellente antipulci su prescrizione dal tuo veterinario.

In seguito, devi pulire la tua casa. Lava tutta la biancheria da letto in acqua calda e passa l'aspirapolvere su ogni superficie frequentata dal tuo cane. Probabilmente avrai bisogno di usare uno spray pesticida o una bomba insetticida per eliminare i sopravvissuti. Se un'infestazione è abbastanza grave, possono volerci settimane prima di riuscire a interrompere il ciclo vitale delle pulci.

Le zecche sono un'altra creatura che compare nei mesi caldi. Questi parassiti tendono a vivere nell'erba alta o nelle zone boschive e si attaccano al tuo cane, succhiandone il sangue fino a quando non si sono saziati. Alcune zecche possono portare malattie che possono essere trasmesse al tuo cane.

Sia le pulci che le zecche sono prevenibili con un farmaco orale mensile o un'applicazione topica. Questi medicinali possono respingere o uccidere questi parassiti nel momento in cui mordono il tuo cane. È importante applicarli ogni mese, altrimenti il tuo cane diventerà nuovamente suscettibile a pulci e zecche.

I parassiti interni sono un altro problema comune nei cani, soprattutto perché sono noti per mangiare praticamente qualsiasi cosa disgustosa trovino per terra. I vermi intestinali possono far ammalare gravemente il tuo cane. Alcuni sintomi generali sono diarrea, vomito e perdita di peso. Naturalmente, potresti anche trovare vermi nelle feci. Il tuo veterinario vorrà un campione di feci per diagnosticare il tipo di verme che ha il tuo cucciolo al fine di prescrivere il farmaco più efficace.

La filariosi cardiopolmonare è un altro parassita che può essere mortale nei cani. Le larve entrano nel flusso sanguigno da una puntura di zanzara e si dirigono verso il cuore, dove poi si sviluppano in vermi. Se non trattata immediatamente, la filariosi può causare la morte; tuttavia, è estremamente prevenibile. Dopo un esame del sangue iniziale per verificare la presenza di filaria, il tuo veterinario prescriverà un farmaco preventivo mensile che impedirà lo sviluppo delle filarie nel tuo cane, nel caso in cui riceva una puntura da una zanzara infetta.

Disturbi comuni nei Border Collie

Sebbene un buon allevamento possa eliminare molte malattie genetiche, ci sono alcune patologie che sono comuni nei Border Collie. Un buon allevatore dovrebbe mostrarti la prova che i suoi cani non soffro-

Foto di
Winsome Marshall

*Foto di
Marion Mushardt*

no di queste malattie, ma è una buona idea essere consapevoli di questi disturbi in modo da poter fornire al tuo cane le cure di cui ha bisogno. Naturalmente, il tuo Border Collie potrebbe trascorrere tutta la vita senza mai soffrire di tali condizioni, ma purtroppo, molte condizioni si manifestano in età adulta.

La displasia dell'anca è un disturbo comune nelle razze di cani di grossa taglia. Si verifica quando l'articolazione dell'anca non si adatta correttamente. Questo può portare a danni articolari, dolore e zoppia. Alcuni sintomi includono un'andatura anomala, zoppia, difficoltà ad alzarsi dalla posizione sdraiata e dolore durante il movimento. Per diagnosticare questa condizione, il tuo veterinario farà una radiografia dell'anca interessata. Integratori per le articolazioni, farmaci antidolorifici e farmaci antinfiammatori potrebbero aiutare con il dolore. In alcuni casi, potrebbe essere necessario un intervento chirurgico.

Anche i problemi agli occhi sono molto comuni nei Border Collie. L'anomalia dell'occhio del Collie è una malattia genetica che si verifica in diversi tipi di Collie e altri cani da pastore. Questa malattia può causare perdita della vista nei cani e spesso cecità completa. In genere, questa particolare malattia può essere diagnosticata quando il Border Collie è ancora un cucciolo.

Questa razza soffre comunemente anche di atrofia progressiva della retina. Questa condizione viene anch'essa rilevata durante gli esami in giovane età. I sintomi possono variare dalla cecità notturna ad altri gradi di compromissione visiva. Sebbene non esista una cura per queste condizioni oculari, generalmente non influiscono sulla qualità della vita del cane. In effetti, con il deterioramento progressivo della vista, potresti non notare nemmeno una differenza perché il tuo cane intelligente si adatta rapidamente alla perdita della vista.

I Border Collie possono anche soffrire di sensibilità ai rumori fino al punto da sviluppare fobie. Non è certo se questo tratto sia ereditato o acquisito nella prima fase della vita, ma può rendere difficile svolgere attività normali e quotidiane con il tuo cane. Molti cani sono spaventati dai rumori forti. Infatti, gli studi veterinari sono pieni di proprietari di cani che cercano sedativi per i loro cuccioli durante il periodo di Capodanno perché i fuochi d'artificio causano parecchio stress. Molti proprietari di cani possono trovare i loro cani rannicchiati in un angolo durante un temporale, ma a volte questa paura può estendersi a qualsiasi suono strano, come lo scoppiettio di un'auto o il segnale acustico di un camion della spazzatura in retromarcia. Se questa paura diventa abbastan-

*Foto di
Elizabeth Windle*

za grave, può impedire al tuo Border Collie di fare passeggiate o persino di uscire di casa per fare i bisogni.

Una paura prolungata come questa non può essere medicata, poiché i veterinari in genere danno sedativi solo per un periodo breve, come per uno spettacolo di fuochi d'artificio o un viaggio stressante in auto. Invece, dovrai lavorare con il tuo Border Collie per ridurre le sue paure. Se il tuo cane è spaventato da un certo rumore, cerca di trovarne una registrazione. Riproduci il suono a basso volume mentre il tuo cane mangia la cena, poi aumenta progressivamente fino a quando il suono è a un livello ragionevolmente alto e lui è in grado di rimanere calmo.

Per un cane ansioso, vorrai continuare a lavorare sulla socializzazione e ad andare in posti nuovi. Inizia lentamente e premia ogni traguardo con un premio. Se il tuo cane nervoso non è stato in grado di fare una passeggiata per paura ma riesce a fare il giro dell'isolato, dagli tantissimi premi e lodi. Continua a lavorare con il tuo cane e non cedere alle sue paure. Invece, insegnagli che non ha nulla di cui preoccuparsi e che lo terrai sempre al sicuro.

Trattamenti olistici e integratori

Mentre alcuni proprietari di cani ripongono la loro fiducia nella moderna scienza veterinaria, altri scelgono un approccio olistico. In generale, il trattamento veterinario olistico si concentra sulla cura delle malattie attraverso trattamenti "naturali", piuttosto che farmaceutici. Mentre alcuni disturbi possono potenzialmente essere curati con composti che crescono nella terra, questo approccio non è appropriato per tutte le situazioni.

Ciò che molte persone dimenticano è che solo perché un trattamento si trova in natura, non significa necessariamente che sia sicuro. Se il tuo cane ha una condizione non diagnosticata o sta assumendo determinati farmaci, alcuni rimedi a base di erbe possono causare interazioni pericolose. Questo non vuol dire che tutta l'assistenza veterinaria olistica sia pseudoscienza, ma tieni presente che possono sorgere complicazioni. Se stai pensando di utilizzare un rimedio naturale, parlane con il tuo veterinario: potrebbe essere in grado di darti consigli utili e fare raccomandazioni. Ricorda, il tuo veterinario vuole il meglio per il tuo Border Collie e farà raccomandazioni basate sulla sua esperienza.

Gli integratori sono spesso controversi, quando si tratta della salute del tuo animale domestico: mentre potresti pensare che il tuo cane abbia bisogno di un multivitaminico per essere super sano, il cibo per cani contiene praticamente tutto ciò di cui ha bisogno. Se accidentalmente dai al tuo cane una quantità eccessiva di certe vitamine e minerali, può causargli gravi malattie.

È meglio parlare con il tuo veterinario degli integratori se pensi che il tuo cane possa trarne beneficio. Ad esempio, molti veterinari raccomandano integratori per le articolazioni come primo passo se il tuo cane ha problemi articolari. Oppure, se il tuo Border Collie non sta bene, il tuo veterinario potrebbe trovare una carenza di nutrienti nel sangue o nelle urine che può essere risolta con un determinato integratore. Tutti vogliono che il proprio Border Collie sia il più sano possibile, ma quando si tratta di dare al tuo cane una selezione di pillole e compresse, è meglio essere cauti. Consulta prima un veterinario.

Vaccinazioni

Foto di Dawson McClements

Prima ancora di portarlo a casa, il tuo Border Collie dovrebbe aver già fatto il primo ciclo di vaccinazioni. Alcune malattie contro cui i veterinari vaccinano sono l'epatite, la rabbia, il parvovirus, il cimurro e la bordetella. Tutte queste malattie sono molto contagiose e possono avere effetti dannosi sul tuo cane se si ammala. A seconda del calendario vaccinale del tuo veterinario, il tuo cane sarà vaccinato diverse volte durante i primi anni. In Italia, il vaccino antirabbico è obbligatorio solo per i cani che viaggiano all'estero, mentre altri vaccini come quelli contro il cimurro e il parvovirus sono fortemente raccomandati per proteggere la salute del cane.

Le vaccinazioni sono necessarie per molteplici ragioni. Prima di tutto, se il tuo cane non è suscettibile a una certa malattia, puoi stare tranquillo sapendo che non dovrà mai soffrire di un brutto caso di tosse dei canili.

Il prezzo di un'iniezione non è nulla rispetto a quanto può essere costoso ricoverare il tuo cane.

La vaccinazione è importante anche quando si tratta dell'eradicazione di certe malattie. Più cani sono immuni a una malattia, meno cani ci sono che possono diffonderla. Quindi quando vaccini il tuo cane, stai potenzialmente salvando la vita di altri cani che sono troppo giovani o che per altri motivi non possono essere completamente vaccinati.

Il tuo cane anziano

Anche se sembra quasi impossibile, arriverà un giorno in cui il tuo Border Collie inizierà a rallentare. L'età avanzata in questi cani inizia intorno agli otto anni, ma potresti scoprire che il tuo Border Collie è ancora pieno di energia giocosa a quell'età. In questo periodo, noterai che le esigenze alimentari e di esercizio del tuo cane cambieranno, e dovrai esserne consapevole. I cani anziani richiedono meno calorie, quindi se noti che il tuo vecchio cane sta diventando cicciottello, dovrai gradualmente ridurre il suo cibo fino a quando il suo peso non si stabilizzerà.

Scoprirai anche che il tuo cane si stanca più facilmente. Continuare l'esercizio è importante per mantenere un cane anziano felice e sano, ma il modo in cui si esercita potrebbe dover cambiare: invece di fare corse intorno al quartiere, vorrai rallentare fino a una bella passeggiata tranquilla. Giochi e attività che richiedono di arrampicarsi o saltare potrebbero essere sostituiti da giochi in cui tutte e quattro le zampe rimangono a terra. I cani vecchi non sono resistenti come i cuccioli giovani; quindi, un infortunio minore terrà un Border Collie anziano fuori gioco più a lungo.

Il tuo Border Collie anziano probabilmente passerà più tempo a dormire e ad accoccolarsi accanto a te, e va bene così. Questi sono anni speciali da trascorrere con il tuo Border Collie, poiché non è più una palla di energia selvaggia. Tuttavia, anche i cani vecchi vogliono giocare. Giocare con puzzle mantiene la mente di un cane anziano acuta e attiva.

A un certo punto, arriverai a un momento in cui la salute del tuo Border Collie andrà in declino. Sebbene sia sempre triste vedere la salute del tuo cane deteriorarsi, ci sono alcuni segni che è il momento di dire addio. Se il tuo cane è così dolorante che non può camminare, non è in grado di uscire e stare in piedi per fare i bisogni, o non è in grado di mangiare o bere, potrebbe essere il momento di dirgli addio. Può essere difficile perdere il tuo migliore amico peloso, ma potresti fargli un atto di gentilezza se la sua sofferenza è troppo grande.

Tuttavia, consulta un veterinario prima di dire il tuo ultimo addio. A volte, i cani anziani hanno condizioni non diagnosticate che vengono attribuite alla vecchiaia. Se esiste un trattamento per queste malattie, puoi guadagnare un po' più di tempo con il tuo Border Collie.

Un controllo annuale può fare meraviglie per la salute del tuo animale domestico. In questo modo, hai una buona linea di comunicazione con il tuo veterinario così da poter fare domande su cose che sono emerse recentemente. Con visite regolari, il tuo veterinario sarà in grado di individuare differenze nella salute del tuo cane rispetto alla visita precedente. Prima viene individuato un disturbo, migliore sarà il risultato.

I Border Collie sono una gioia assoluta come animali domestici. Questi cani sono belli, intelligenti e buffi. Amano mettere alla prova i loro proprietari e comandare, ma alla fine della giornata, sono capaci di seguire gli ordini. Non troverai mai un altro cane come loro, poiché sono capaci di correre in giro un minuto e accoccolarsi accanto a te il minuto successivo.

Tutto ciò che il tuo Border Collie vuole è uno scopo. Mentre potrebbero farti impazzire quando sono annoiati, è incredibile guardarli lavorare. Che il "lavoro" del tuo Border Collie sia accudire il bestiame, cacciare i conigli e gli uccelli dal tuo giardino o semplicemente essere un amorevole compagno, scoprirai che il tuo Border Collie farà qualsiasi cosa per l'amore e l'affetto con cui lo ripaghi.

www.ingramcontent.com/pod-product-compliance
Lightning Source LLC
Chambersburg PA
CBHW061649120626
46550CB00003B/875